Malgorzata Glac

Kollektives Schweigen – öffentlicher Skandal

Malgorzata Glac

Kollektives Schweigen – öffentlicher Skandal

NS-Vergangenheit in
Elfriede Jelineks „Präsident Abendwind“
und „Heldenplatz“ von Thomas Bernhard

Tectum Verlag

Malgorzata Glac

Kollektives Schweigen - öffentlicher Skandal.
NS-Vergangenheit in Elfriede Jelineks „Präsident Abendwind" und „Heldenplatz" von Thomas Bernhard

ISBN: 978-3-8288-9735-9

Umschlagabbildung: Writing © Cevdet Gökhan Palas @ www.iStockphoto.com

Besuchen Sie uns im Internet
www.tectum-verlag.de

Bibliografische Informationen der Deutschen Nationalbibliothek
Die Deutsche Nationalbibliothek verzeichnet diese Publikation in der Deutschen Nationalbibliografie; detaillierte bibliografische Angaben sind im Internet über http://dnb.ddb.de abrufbar.

„Er mag an den Menschen nicht, was sie vergessen.
Er mag an ihnen das, woran sie sich erinnern.“

Elias Canetti

Inhaltsverzeichnis:

1. Einleitung

In der vorliegenden Arbeit wird der Umgang österreichischer Autoren mit den aktuellen politischen Ereignissen der Jahre 1986 bis 1988 am Beispiel der Theatertexte *Präsident Abendwind* von Elfriede Jelinek und *Heldenplatz* von Thomas Bernhard untersucht. Gerade bei der Behandlung gesellschaftskritischer und politischer Themen ist es jedoch wichtig, die Werke nicht isoliert zu betrachten, sondern den entsprechenden zeitgeschichtlichen Kontext zu berücksichtigen, aber auch den literaturgeschichtlichen Hintergrund der Texte und der literarischen Gattung des politischen Theaters vor Augen zu haben. Denn die Texte Jelineks und Bernhards waren keine Einzelfälle, sondern gingen aus einer Tradition hervor, die in Österreich bereits im 19. Jahrhundert seinen Ursprung hatte.

Der Aufbau der Arbeit folgt der Chronologie der Ereignisse. Nach der theoretischen Einführung zur Tradition des politischen Theaters in Österreich und in Deutschland, werden die Personen der Autoren, also zuerst Thomas Bernhard und dann Elfriede Jelinek, im zeitgeschichtlichen und politischen Kontext präsentiert.

Dabei wird jedoch hauptsächlich die Entwicklung der politischen Einstellung Elfriede Jelineks und Thomas Bernhards bis zum Entstehungsjahr der in der Arbeit behandelten Stücke berücksichtigt.

Darauf folgt die Vorstellung und Besprechung der Werke, die ebenfalls chronologisch dargestellt werden, daher zuerst das Dramolett *Präsident Abendwind* und dann das Theaterstück *Heldenplatz.* Hier werden zuerst einführende Informationen im Zusammenhang mit der Entstehung der Texte präsentiert, darunter die, großteils politischen, zu der Entstehung der Texte führenden Ereignisse, aber auch literarische Verschränkungen; erst dann wird auf die Theaterwerke selbst eingegangen.

In Bezug auf *Präsident Abendwind* und *Heldenplatz,* wird zuerst auf formale Merkmale hingewiesen, es werden aber weiters auch die inhaltlichen Auffälligkeiten behandelt, die die politisch-kritische Intention der Autoren verraten und zu den äußerst unterschiedlichen Erscheinungsformen der Rezeption führen konnten.

Als nächstes wird die Rezeption der Stücke analysiert und die Stellungnahme der Autoren auf die Reaktionen des Publikums zitiert.

In der Auswertung der Sekundärliteratur zu den beiden Stücken werden zuerst die existierenden literaturwissenschaftlichen Analysen näher betrachtet, dann auch die verschiedenen Aspekte der Berichterstattung in den Medien ausgewertet; diesbezüglich werden sowohl journalistische Beiträge in verschiedenen deutschsprachigen Printmedien präsentiert, als auch eine gewisse Zahl von Meinungen einiger in der Öffentlichkeit stehenden Personen dargestellt; schließlich auch Meinungen von Privatpersonen, die meist in Form von Leserbriefen dokumentiert wurden.

In Bezug auf die Rezeption ist anzumerken, dass *Präsident Abendwind* von Elfriede Jelinek eine bei weitem nicht so breite Rezeption in Österreich hatte wie *Heldenplatz* von Thomas Bernhard. Aus diesem Grund ist auch der Umfang

der vorhandenen Sekundärliteratur und die jeweilige mediale Resonanz äußerst unterschiedlich.
Einen resümierenden Abschluss der Arbeit gestalten vergleichende Bemerkungen zu den zwei Texten und ein Exkurs zur Stellung der Freiheit der Kunst im Österreich der späten 80er Jahre.

2. Bemerkungen zum Forschungsstand.

Seit mehreren Jahrzehnten beschäftigt sich die Literaturwissenschaft bereits mit dem Œuvre von Elfriede Jelinek und von Thomas Bernhard, Thema der Forschung sind jedoch nicht nur einzelne Werke sondern auch die Personen Jelinek und Bernhard im biografischen Kontext.

In Zusammenhang mit der Person Thomas Bernhards gibt es die Monographie von Joachim Hoell,[1] die sich mit den einzelnen Etappen im Leben des Autors auseinandersetzt und diese mit der Entstehung von Bernhards Werken in Zusammenhang bringt. Weiters gibt es die Biografie von Hans Höller[2] *Thomas Bernhard*, der auf eine ähnliche Weise vorgeht, wie Hoell. Die Homepage der Thomas Bernhard Gesellschaft[3] bietet auch im Internet zahlreiche biografische Informationen.

Zu Elfriede Jelinek erarbeitete Pia Janke[4] mit den Mitarbeitern des Elfriede Jelinek -Forschungszentrums in *Die Nestbeschmutzerin. Jelinek & Österreich* einen Abriss der wichtigsten biografischen Daten, kontextualisiert durch zahlreiche Beiträge von Jelinek, über Jelinek und in Bezug auf den gesellschaftlich-historischen Hintergrund des Œuvres der Nobelpreisträgerin. Das genannte Elfriede Jelinek - Forschungszentrum[5] stellte ebenfalls grundlegende biografische Eckdaten auf seine Homepage, der man aber auch viele Informationen zum Werk und zur Rezeption der Autorin entnehmen kann.

Eine detaillierte Auswertung des Forschungsstandes zu dem Gesamtwerk von Thomas Bernhard verfasste Manfred Mittermayer[6] in der Monographie *Thomas Bernhard*. Jens Dittmar[7] publizierte die Monographie *Thomas Bernhard. Werkgeschichte*. Auch Thorsten Themann[8] erarbeitete in der Monographie *Thomas Bernhard. Heldenplatz* eine genaue Dokumentation der Sekundärliteratur zum Werk des Autors.

Einen guten Überblick über das Werk von Elfriede Jelinek bietet das *Werkverzeichnis Elfriede Jelinek*[9]. Darin werden nicht nur die Werke selbst unter verschiedenen Aspekten und Themen in Betracht genommen, sondern auch die zugängliche Sekundärliteratur und weiterführende Informationen, wie Hinweise zu Inszenierungen oder Hörspielfassungen. Weiterführende Informationen bietet auch das spätere, von Janke herausgegebene Buch *Literaturnobelpreis Elfriede*

---

1 Joachim Hoell: *Thomas Bernhard*. München: Deutscher Taschenbuch Verlag 2000.

2 Hans Höller: *Thomas Bernhard*. Hamburg: Rowohlt Verlag 1993.

3 URL: http://www.thomasbernhard.at/itbg/ [10.02.2008]

4 Pia Janke (Hrsg.): *Die Nestbeschmutzerin. Jelinek & Österreich*. Salzburg-Wien: Jung und Jung Verlag 2002.

5 URL: http://www.praesens.at/elfriede-jelinek-forschungszentrum/ [10.02.2008]

6 Manfred Mittermayer: *Thomas Bernhard*. Stuttgart-Weimar: Verlag J. B. Metzler 1995.

7 Jens Dittmar (Hrsg.): *Thomas Bernhard. Werkgeschichte*. München: Suhrkamp Verlag 2002.

8 Thorsten Themann: *Thomas Bernhard. Heldenplatz*. 1. Auflage, München-Stuttgart-Düsseldorf: Oldenburg Schulbuchverlag GmbH 2004.

9 Pia Janke [Hrsg.]: *Werkverzeichnis Elfriede Jelinek*. Wien: Edition Praesens 2004.

Jelinek[10] und das vor kurzem erschienene Werk *Elfriede Jelinek: Ich will kein Theater. Mediale Überschreitungen*[11].
Das Interesse der Forschung an den zwei in dieser Arbeit behandelten Theaterstücken, *Präsident Abendwind* und *Heldenplatz,* ist sehr unterschiedlich ausgeprägt. Zu *Präsident Abendwind* gibt es außer der vergleichenden Studie von Angela Gulielmetti[12], *Häuptling Abendwind" und „Präsident Abendwind". Nestroy und Jelinek*, eine Aufarbeitung in der Dissertation von Sabine Perthold[13] *Elfriede Jelineks dramatisches Werk. Theater jenseits konventioneller Gattungsbegriffe.* Iris Scheiber[14] widmet *Präsident Abendwind* ebenfalls ein Unterkapitel ihrer Diplomarbeit *Politische Kurzprosa von Elfriede Jelinek.*
Literaturwissenschaftliche Werkinterpretationen zu *Heldenplatz* sind sowohl mit Fokus auf verschiedene Aspekte des Textes, als auch in Bezug auf den literarischen und gesellschaftlichen Kontext, als Beiträge in Form von Artikeln in Sammelbänden und Abhandlungen in Monographien in großer Zahl vorhanden.
In Bezug auf die Rezeption und mediale Präsenz von *Präsident Abendwind,* gibt es im Büro des Elfriede Jelinek - Forschungszentrums eine Sammlung einzelner Artikel in Printmedien, die hauptsächlich Rezensionen von Aufführungen beinhalten.
Zur Resonanz von *Heldenplatz* in den Medien erschien eine genau strukturierte Dokumentation[15] des Burgtheaters Wien der erschienenen Presseartikel, Interviews und Leserbriefe. Damit befasste sich auch Ilse Retzek[16] in der an der Universität Salzburg verfassten Diplomarbeit *„Heldenplatz"- Ein Medienereignis* von 1990. Eine ähnliche Arbeit leisteten Renate Hörlezeder[17], Fritz Mühlbek und Andreas Nowak, die in der an der Wirtschaftsuniversität Wien erstellten Studie *Die Erregungskurven. Eine empirische Untersuchung zur Resonanz Bernhards in deutschsprachigen Medien 1963 bis 1992* nahezu acht Tausend Medienberichte ausgewertet haben.

---

10 Pia Janke [Hrsg.]: *Literaturnobelpreis Elfriede Jelinek.* Band 1, Wien: Praesens Verlag 2005.

11 Pia Janke [Hrsg.]: *Elfriede Jelinek: „Ich will kein Theater": mediale Überschreitungen.* Wien: Praesens Verlag 2007.

12 Angela Gulielmetti: „Häuptling Abendwind" und „Präsident Abendwind". Nestroy und Jelinek. In: Internationale Nestroy Gesellschaft (Hrsg.): *Nestroyana: Blätter der Internationalen Nestroy-Gesellschaft.* Bd. 17, Wien: Lehner Verlag 1997, S. 39-49.

13 Sabine Perthold: *Elfriede Jelineks dramatisches Werk. Theater jenseits konventioneller Gattungsbegriffe.* Wien: Dissertation der Universität Wien 1991.

14 Iris Scheiber: *Politische Kurzprosa von Elfriede Jelinek.* Diplomarbeit der Universität Wien. Wien 2004.

15 Burgtheater Wien (Hrsg.): *Heldenplatz. Eine Dokumentation.* Wien (13. Jänner 1989).

16 Ilse Retzek: *„Heldenplatz" – Ein Meidenereignis.* Diplomarbeit der Universität Salzburg. Salzburg 1990.

17 Renate Hörlezeder/Fritz Mühlbek/Andreas Nowak: Die Erregungskurven. Eine empirische Untersuchung zur Resonanz Bernhards deutschsprachigen Printmedien 1963 bis 1992. In: Wolfram Bayer (Hrsg.): *Kontinent Bernhard. Zur Thomas Bernhard-Rezeption in Europa.* Wien u.a.: Böhlau Verlag 1995, S. 229-238.

Wissenschaftliche Abhandlungen über die Entwicklung des politischen Theaters[18] und die geschichtlichen Ereignisse des 20. Jahrhunderts bieten einen breiten einführenden und weiterführenden Wissenshintergrund und situieren Elfriede Jelinek und Thomas Bernhard im gesellschaftlich-historischen Kontext.

---

18 Roy C. Cowen: *Das deutsche Drama im 19. Jahrhundert*. Stuttgart: J.B. Metzlersche Verlagsbuchhandlung 1988.
Peter Simhandl: Politisches Theater. In: Manfred Brauneck/Gérard Schneilin [Hrsg.]: Theaterlexikon. Begriffe und Epoche, Bühnen und Ensembles. Band 1, 4. Ausgabe, Reinbek bei Hamburg: Rowohlt Taschenbuch Verlag 2001, S. 797- 800.
Andreas Huyssen: Unbewältigte Vergangenheit – Unbewältigte Gegenwart. In Reinhold Grimm/ Jost Hermand [Hrsg.]: *Geschichte im Gegenwartsdrama*- Stuttgart u.a.: Verlag W. Kohlhammer 1976, S. 39-53.
Ferdinand Bruckner: Nestroy und Österreich. In: Peter Roessler/Konstantin Kaiser (Hrsg.): *Dramaturgie der Demokratie. Theaterkonzeptionen des österreichischen Exils*. Wien: Edition Spuren Pro-Media 1989, S. 85-91.
Erwin Piscator: *Das Politische Theater*. Reinbek bei Hamburg: Rowohlt 1963.
Knut Ove Arntzen/ Siren Leirvåg/ Elin Nesje Vestli (Hrsg.): *Dramaturgische politische Strategien im Drama und Theater des 20. Jahrhunderts*. St. Ingbert: Röhrig Universitätsverlag 2002.

3. Eine Übersicht über die Tradition des politischen Theaters.

In diesem Kapitel wird eine allgemeine, kurze Einführung in die Entwicklung des politischen Theaters geboten, um anhand von wenigen ausgewählten Beispielen aufzuzeigen, welcher Tradition die Werke von Elfriede Jelinek und Thomas Bernhard verpflichtet sind.

Den Begriff der politischen Literatur resümiert *Der Brockhaus* als „unscharfe[n] Sammelbegriff für literarische Werke, die politische Ideen, Themen oder Ereignisse behandeln, um auf die Meinungsbildung einzuwirken“[19]. Hier werden zur politischen Literatur Texte der Revolutionsliteratur gezählt, so zum Beispiel die 1792 verfasste und zur französischen Nationalhymne aufgestiegene „Marseillaise“. Es wird darauf hingewiesen, dass sich politische Literatur zwar aller Gattungen bedient, dass jedoch kurze Formen überwiegen und „wegen der Orientierung auf Pointen und Affekte“[20] bevorzugt werden; im Fall der dramatischen Gattung werden Einakter, Sketch und Lehrstücke genannt, aber auch das Arbeitertheater, das Straßentheater, das Kabarett und Kundgebungen.[21] Dabei wird die große Spannweite der politischen Texte betont, sie seien sowohl in historischen Avantgarden wie dem Vormärz vertreten, als auch in Formen der staatlichen Propaganda, was in der Geschichte des 20. Jahrhunderts sowohl für den Nationalsozialismus als auch später für die DDR üblich war.[22] Roy Cowen stellt die These, dass es unter allen Gattungen eben das Drama ist, das „soziopolitische Entwicklungen am deutlichsten widerspiegelt“.[23]

Von großer Bedeutung ist dabei die durch den Zeitbezug, die politische Tendenz und die Funktionalität der Texte verursachte Schwierigkeit einer objektiven Beurteilung des politischen Textes. Es lässt sich jedoch explizit eine große Bedeutung der politischen Literatur für die Gesellschaft feststellen, die sich durch Eingriffe der Zensur, Gerichtsprozesse und die Veröffentlichungen begleitenden Skandale auszeichnete.[24]

Peter Langemeyer meint in dem Aufsatz *Macht und Parteilichkeit*, in dem er das gegenseitige Verhältnis der Politik zur Kunst hinterfragt und auf die Schwierigkeit der Deutung eines Theaterstücks als *politisch* hinweist:

---

19 Anonym: politische Literatur. In: Der Brockhaus. Literatur. Schriftsteller, Werke, Epochen, Sachbegriffe. 3. Auflage, Mannheim-Leipzig: F.A. Brockhaus 2007, S. 645-646, hier S. 645.

20 Ebenda, S. 646.

21 Vgl.Ebenda.

22 Vgl. Anonym: Politische Literatur. In: Dieter Burdorf/Christoph Fasbender/Burkhard Moennighoff (Hrsg.): Metzler Lexikon. Literatur. Begriffe und Definitionen. 3. Auflage, Stuttgart-Weimar: Verlag J. B. Metzler 2007, S. 597-598, hier S. 597.

23 Roy C. Cowen: *Das deutsche Drama im 19. Jahrhundert*. Stuttgart: J.B. Metzlersche Verlagsbuchhandlung 1988, S. 1.

24 Vgl. Anonym: politische Literatur. In: Der Brockhaus. Literatur. Schriftsteller, Werke, Epochen, Sachbegriffe. 3. Auflage, Mannheim-Leipzig: F.A. Brockhaus 2007, S. 645-646, hier, 646.

> Die europäische Geschichte des 17., 18., und 19. Jahrhunderts war von dem Gegensatz von Staat und Gesellschaft beherrscht. Politik wurde ausschließlich vom Staat gemacht. Von daher war es berechtigt, das Politische über das Staatliche zu definieren, das von dem Sozialen, Ökonomischen, Religiösen usw. klar abgegrenzt war. Das 20. Jahrhundert, das Zeitalter der Demokratie, hat diesen Gegensatz indessen beseitigt. Staat und Gesellschaft durchdringen sich nun gegenseitig. [...] Unter diesen Bedingungen wird ‚*alles* wenigstens der Möglichkeit nach politisch'[25].

Der Begriff des *politischen Theaters* wurde von Erwin Piscator geprägt, geht jedoch auf die Zeit der griechischen Antike zurück, als „sich das Theater immer wieder mit den Problemen des Zusammenlebens in der Gemeinschaft beschäftigt[e], Kritik an den herrschenden politischen Zuständen [ausübte und] für bestimmte Standpunkte Agitation und Propaganda betrieb[...].“[26]
Peter Simhandl nennt als diachrone Übersicht über das europäische Theater mit politischer Intention die antiken griechischen Tragödien von Aischylos und Sophokles, die Komödien von Aristophanes, repräsentativ für das barocke Theater – die Historien von Shakespeare, für die Klassik wiederum die Stücke Friedrich Schillers und Pierre-Augustin Caron de Beaumarchais'. Weiters gibt er, als für die Epoche des deutschen Vormärz prägend, den Titel *Dantons Tod* von Georg Büchner und *Napoleon oder die hundert Tage* von Christian Dietrich Grabbe an. Für das 20. Jahrhundert sind laut seiner Auffassung die Stücke von Bertolt Brecht, Jean-Paul Sartre, Albert Camus, Max Frisch, Peter Weiss, Rolf Hochhuth und auch Heinar Kipphardt repräsentativ.[27]
Nach dem Zweiten Weltkrieg stellte sich im deutschsprachigen Raum vor allem die Frage, inwiefern das Theater an einer Bewältigung der NS-Vergangenheit Teil haben konnte bzw. sollte. In dieser Hinsicht kam es in der Ansicht Huyssens[28] sehr bald zu einer Annahme, dass eine kollektive Aufarbeitung für viele Rezipienten keine Priorität besaß, denn einer ersten Phase der Bewältigung der Vergangenheit folgte eine Phase der Verdrängung, die die Kollektivschuld im politischen Sinne völlig ablehnte. „Jedes Bewältigungsdrama musste so Gefahr

---

25 Peter Langemeyer: Macht und Parteilichkeit oder: Was ist „politisch“ am politischen Theater der Moderne? In: Knut Ove Arntzen/ Siren Leirvåg/ Elin Nesje Vestli (Hrsg.): *Dramaturgische politische Strategien im Drama und Theater des 20. Jahrhunderts*. St. Ingbert: Röhrig Universitätsverlag 2002, S. 102-122 hier S. 114.

26 Peter Simhandl: Politisches Theater. In: Manfred Brauneck/Gérard Schneilin [Hrsg.]: Theaterlexikon. Begriffe und Epoche, Bühnen und Ensembles. Band 1, 4. Ausgabe, Reinbek bei Hamburg: Rowohlt Taschenbuch Verlag 2001, S. 797- 800, hier S. 797.

27 Vgl. Peter Simhandl: Politisches Theater. In: Manfred Brauneck/Gérard Schneilin [Hrsg.]: Theaterlexikon. Begriffe und Epoche, Bühnen und Ensembles. Band 1, 4. Ausgabe, Reinbek bei Hamburg: Rowohlt Taschenbuch Verlag 2001, S. 797- 800, hier S. 797.

28 Vgl. Andreas Huyssen: Unbewältigte Vergangenheit – Unbewältigte Gegenwart. In Reinhold Grimm/ Jost Hermand [Hrsg.]: Geschichte im Gegenwartsdrama- Stuttgart u.a.: Verlag W. Kohlhammer 1976, S. 39-53, hier S. 40-42.

laufen, ästhetisch den Schein einer Bewältigung vorzutäuschen, die in der gesellschaftlichen Wirklichkeit nicht stattfand."[29]
In diesem Sinne und ebenfalls in Bezug auf literarische Tätigkeit im 19. Jahrhundert, verweist Simhandl[30] darauf, dass einige Autoren den politischen Aspekt des Theaters absolut negierten. Unter den Klassikern erwähnt er Goethe, der „den politischen Bereich scharf von dem autonom gedachten Bezirk des ‚Edlen, Guten und Schönen' ab[grenzte] und [...] damit eine Denkrichtung [begründete], die im 19. und 20. Jh. zu Vorbehalten gegen politische Motive v. a. gegen Tendenzen in der Kunst führte."[31] Repräsentativ für das 20. Jahrhundert erwähnt er auch die Stellungnahme Eugène Ionescos, der in den 60er Jahren als Vertreter des absurden Theaters entschlossen gegen die Auffassung Bertolt Brechts zum *politischen Theater* auftrat und postulierte, „dass ‚das Menschliche' über ‚dem Sozialen' steht und das politische Engagement im Theater den Menschen von seinem eigentlichen Wesen entfremdet"[32]. Auf diese Weise konnte auch die Negation der Bewältigung durch die Gesellschaft mit dem literarischen Schaffen vieler Autoren der Nachkriegszeit konform gehen. In Bezug auf Deutschland stellte Huyssen fest: „[e]s fällt auf, daß KZ und Völkermord bis zur Mitte der fünfziger Jahre [also bis zur Aufführung der dramaturgischen Bearbeitung des Tagebuchs der Anne Frank] noch von keinem [Theaterautor] in nennenswerter Weise bearbeitet worden sind."[33]

Für diese Arbeit wurden einige Namen bedeutender österreichscher Dramatiker des 19. Jahrhunderts und deutscher Theaterautoren des 20. Jahrhunderts gewählt, um die Entwicklung und die Bedeutung dieser Schriftsteller für das Genre des politischen Theaters im Allgemeinen und für die Zeitkritik und die NS-Aufarbeitung bei Elfriede Jelinek und Thomas Bernhard aufzuzeigen.

---

29 Andreas Huyssen: Unbewältigte Vergangenheit – Unbewältigte Gegenwart. In Reinhold Grimm/ Jost Hermand [Hrsg.]: Geschichte im Gegenwartsdrama- Stuttgart u.a.: Verlag W. Kohlhammer 1976, S. 39-53, hier S. 40.

30 Vgl. Peter Simhandl: Politisches Theater. In: Manfred Brauneck/Gérard Schneilin [Hrsg.]: Theaterlexikon. Begriffe und Epoche, Bühnen und Ensembles. Band 1, 4. Ausgabe, Reinbek bei Hamburg: Rowohlt Taschenbuch Verlag 2001, S. 797- 800, hier S. 797.

31 Ebenda.

32 Ebenda.

33 Huyssen, a.a.O., S. 43.

3.1. Politische Dramaturgie in Österreich im 19. Jahrhundert.

Roy C. Cowen[34] erwähnt unter den politisch engagierten Autoren, Franz Grillparzer als den ersten Dichter in Österreich, der die Gattung des *ernsten Dramas* verwendete, er betont dabei jedoch, dass Grillparzer keineswegs versuchte künstlerisch oder politisch gegen die gesellschaftliche Realität in Österreich zu rebellieren, sondern sich stark auf die europäische dramatische Tradition bezog. Weiters erläutert Cowen, dass Grillparzer seit den Anfängen seiner literarischen Tätigkeit nicht auf die Tradition Friedrich Schillers eingehen wollte, sondern sich eher an dem Werk Shakespeares orientierte, vor allem unterstreicht er Grillparzers Aufmerksamkeit gegenüber dem Bezug Shakespeares zur spanischen Literatur, vor allem zu der Epoche des *Siglo de Oro* - des Goldenen Zeitalters.

Cowen[35] situiert Grillparzers dramatisches Œuvre zur Gänze in der Epoche des Vormärz, also vor der Revolution 1848; er stellt die These, dass sämtliche Dramen des Autors auf Entwürfe aus den zwanziger Jahren des 19. Jahrhunderts zurückzuführen sind, sowohl *Der Traum ein Leben* und *Weh dem, der lügt,* die in den dreißiger Jahren uraufgeführt wurden, als auch die aus den siebziger Jahren stammenden Stücke *Die Jüdin von Toledo* oder *Ein Bruderzwist in Habsburg*.

Er deutet weiter, dass Grillparzer „das Komische eher in den Dienst ernster, wenn nicht unbedingt politischer Absichten stell[t] als es um seiner selbst willen zu betreiben".[36] Da der Dramatiker in seinen Texten „das bewußt ‚Naive' vorzieht und dafür alles Abstrakte, ‚Sentimentalische' und Ideale ablehnt"[37], so zieht das die Konsequenz einer Ablehnung jeder Art von „Tragödie der ‚Idee'"[38] zugunsten der „Tragödie des Menschlichen"[39] mit sich. Folglich sind in seinen Stücken auch keine Schlachten und keine Massenszenen zu finden, er konzentriert sich auf die Kritik des Staates, die Rolle des Politikers, jedoch die Probleme der Metternich-Ära zeigt er „eher auf Umwegen"[40]. Es sind in seinen Stücken immer einzelne Figuren vertreten, Opfer einer gesellschaftlichen Ordnung, die eindeutig negative Züge trägt, der Fokus liegt in Grillparzers Dramen jedoch immer auf den konkreten Figuren.[41]

Ferdinand Raimund wird von Cowen[42] chronologisch nach Grillparzer erwähnt, da dieser bereits ein Erfolgsautor war, als Raimund zu schreiben anfing. Grill-

---

34 Vgl. Roy C. Cowen: *Das deutsche Drama im 19. Jahrhundert.* Stuttgart: J.B. Metzlersche Verlagsbuchhandlung 1988, S. 100-103.

35 Vgl. Ebenda, S. 104-105.

36 Ebenda, S. 113.

37 Ebenda, S. 105.

38 Ebenda.

39 Ebd.

40 Ebenda, S. 106.

41 Vgl. Ebenda, S. 105-108.

42 Vgl. Ebenda, S. 109.

parzer war es auch, der Raimunds Stil kritisierte und ihm genau das vorwarf, was er selbst zu vermeiden versuchte: „Das Ernste ist bei Ihnen bloß bildlose Melancholie“[43]. Was Raimund, laut Cowen, von den Zeitgenossen, darunter von Grillparzer, Büchner und Grabbe, unterscheidet, ist die Weiterführung des klassischen Ideals, während andere Autoren sich bewusst davon entfernen. „Raimund, dessen Zauberstücke auf einer komischen Erscheinung eines Ideals beruhen, bemüht sich [...] um eine Hinüberrettung eines tragisch gesehenen, klassischen Ideals ins Komische.“[44] Diese Bemühung deutet Cowen auch als den Grund für die relativ kleine Zahl von bedeutenden Stücken, die „Raimund als Dichter“[45] ausmachen würden, hier nennt er nur drei: *Der Bauer als Millionär, Der Alpenkönig und der Menschenfeind* und *Der Verschwender.*
Ähnlich wie den Bezug bei Grillparzer zum spanischen *Siglo de Oro,* findet Cowen bei Raimund den Bezug zum spanischen Barock, hier vor allem die Verwendung der Motive von Glück vs. Vergänglichkeit oder Sein vs. Schein, nennt auch dessen Bezug zur europäischen Romantik. Er verweist jedoch darauf, dass Raimund, trotz seines Selbstmordes, im Gegensatz zu Grillparzer, Grabbe und Büchner, seinen Pessimismus weder als metaphysische, noch als historische oder soziologische Komponente auf das eigene Œuvre überträgt. In diesem Sinne betreibt Raimund keine Sozialkritik.[46] In Bezug auf die Beziehung zur österreichischen Gesellschaft und die Verwendung des Dialekts, meint Cowen, die Zuschauer würden „sich selbst durch den Dichter bzw. seine Gestalten sprechen hör[en]“[47], was zu der These Friedrich Sengles führte: „Das Wort vom Volksdichter war im Falle Raimunds nicht nur eine romantische Floskel, sondern sozialgeschichtliche Wirklichkeit.“[48]
Ferdinand Bruckner befasste sich mit der politischen Situation Österreichs und ihrem Einfluss auf das literarische Werk von Johann Nepomuk Nestroy. Er verbindet die starke Prägung des politischen Theaters in Österreich mit der Politik Graf Metternichs, denn, wie er sagt, Metternichs Staatsapparat, „Heerscharen von Hof- und anderen Räten, Zensoren, Inspektoren, Geheimagenten, Bütteln, Schergen und Spionen wirkten in christlicher Brüderlichkeit zusammen, um jeden Bürger unruh-erregenden Alters ständig unter der Lupe zu halten“[49].
In der Tradition des von Ferdinand Raimund eingeführten Wiener Volksstückes, schrieb Nestroy über hundert Volksstücke – „Charakterstücke [...], Sittenstücke, ‚Besserungsstücke‘, Zauberstücke, Lokalpossen, mythologische Possen, Paro-

43 Zitat nach: Roy C. Cowen: *Das deutsche Drama im 19. Jahrhundert.* Stuttgart: J.B. Metzlersche Verlagsbuchhandlung 1988, , S. 113.
44 Ebenda.
45 Ebenda S. 114.
46 Vgl. Ebenda, S. 115-116.
47 Ebenda, S. 112.
48 Zitat nach: Ebenda.
49 Ferdinand Bruckner: Nestroy und Österreich. In: Peter Roessler/Konstantin Kaiser (Hrsg.): *Dramaturgie der Demokratie. Theaterkonzeptionen des österreichischen Exils.* Wien: Edition Spuren Pro-Media 1989, S. 85-91, hier S. 86.

dien, Travestien"[50], die alle eines gemeinsam haben: es waren „realistische Volksstücke"[51]. Bruckner bezeichnet Nestroy als einen durch und durch politischen Autor, der in kurzen Stücken seine politische Absicht sehr deutlich aufzeigt, in seinen Hauptwerken jedoch diese nicht erwähnt.[52]
„Die Wiener gingen auf beide Nestroy-Weisen ein. Sie schwelgten in den Anspielungen der kleinen Stücke, in den Einzelschicksalen der großen entdeckten sie das Allgemeine von selbst."[53] Gerade jedoch auf die politischen Anspielungen wurden die Kritiker immer wieder aufmerksam und Nestroy wurde wiederholt mit Eingriffen von Zensoren konfrontiert, die ihm unermüdet „auf die Finger [...] und auf den Mund [sahen]. Denn in diesem hartnäckigen Nahkampf hatte schließlich der Schauspieler [Nestroy] versucht, sich zu erlauben, was dem Schriftsteller verboten wurde."[54] So geriet Johann Nestroy immer wieder in Konflikt mit der Zensur.
Der österreichischen Tradition des politischen Theaters folgte mit gewissen Neuerungen und einem eigenen, teilweise sehr umstrittenen, Zugang sowohl Thomas Bernhard als auch, einige Jahre später, Elfriede Jelinek.
Jedoch nicht nur österreichische Autoren waren es, mit deren literarischen Konzepten sich Jelinek und Bernhard in ihren Stücken auseinandersetzten. Besonders die politische Dramaturgie im Deutschland des 20. Jahrhunderts lieferte für beide Schriftsteller einen starken Impuls zur Stellungnahme in politischen Angelegenheiten.

3.2. Das politische Theater in Deutschland im 20. Jahrhundert.

Peter Langemeyer weist auf die Bedeutung Erwin Piscators für die Konstituierung des Begriffs des „politischen Theaters"[55] hin, dessen Theaterbegriff er als „wohl einflußreichsten Versuch einer Erneuerung des Theaters aus dem Geist der Politik unter den Bedingungen der entwickelten bürgerlichen Gesellschaft"[56] bezeichnet. Er bezieht sich dabei auf den von Piscator 1929 veröffentlichten Text *Das Politische Theater*, den dieser gemeinsam mit seinen Mitarbeitern

---

50 Ferdinand Bruckner: Nestroy und Österreich. In: Peter Roessler/Konstantin Kaiser (Hrsg.): *Dramaturgie der Demokratie. Theaterkonzeptionen des österreichischen Exils*. Wien: Edition Spuren Pro-Media 1989, S. 85-91, hier S. 86.

51 Ebenda.

52 Ebenda, S. 87.

53 Ebenda.

54 Ebd.

55 Peter Langemeyer: Macht und Parteilichkeit oder: Was ist „politisch" am politischen Theater der Moderne? In: Knut Ove Arntzen/ Siren Leirvåg/ Elin Nesje Vestli (Hrsg.): *Dramaturgische politische Strategien im Drama und Theater des 20. Jahrhunderts*. St. Ingbert: Röhrig Universitätsverlag 2002, S. 102-122 hier S. 105.

56 Ebenda.

verfasst hatte und sowohl auf der Basis von Pressetexten, Spielplänen als auch theoretischen Texten aufgebaut hatte und in dem er einen Bericht über die Berliner Theaterarbeit lieferte.[57]
Langemeyer beschreibt den Text Piscators als von der Annahme ausgehend, dass der Mensch „sowohl Subjekt, als auch Objekt der Geschichte [ist]. Einerseits wird er von der Politik bestimmt, andererseits bestimmt er sie selbst".[58] Dieser Ansatzpunkt zum Verständnis von Geschichte wurde bereits von Karl Marx ausformuliert und fand als Versuch, die Geschichte zu beeinflussen seinen Ausdruck in der sozialistischen Ideologie.[59] Einem solchen Ansatz folgte auch die Kommunistische Partei Österreichs und versuchte, unter anderen, die österreichischen Literaten für ihr Programm zu gewinnen. Piscator schrieb in der Abhandlung *Das Politische Theater* über die Wichtigkeit der „Unterordnung jeder künstlerischen Absicht dem revolutionären Ziel: bewußte Betonung und Programmierung des Klassenkampfgedankens"[60]. Gleichzeitig stellte er jedoch die These auf, dass die politische Agitation durch Kunst keinen Einfluss auf die Qualität der Kunst haben dürfe, denn „die stärkste politisch-propagandistische Wirkung [liege] auf der Linie der stärksten künstlerischen Gestaltung"[61]. Das führte im 20. Jahrhundert, besonders aber in seiner zweiten Hälfte, zu der ambivalenten Auffassung der Kunst als Werkzeug der Politik, wodurch sich einige Künstler, darunter Elfriede Jelinek, entschlossen gegen eine Instrumentalisierung der Kunst einsetzten.[62] So schrieb Jelinek in einem Artikel für *Bio-Technik*: „Literatur als Kunst sollte sich raushalten, der Literat dagegen absolut engagieren. Engagement soll Literatur nur in dem Sinn zeigen, als sie in jeder Form aufklärerisch wirken soll."[63]
Die These der Auffassung des Menschen als veränderndes und veränderliches Wesen hat Bertolt Brecht für die Konstituierung des Begriffs des *epischen Theaters* verwendet.[64] „Dieser Ansatz hat Folgen für die Dramaturgie, die Inszenierung und den Bühnenbau, in ihm treten mehrere verschiedene Elemente zu einer spannungsvollen Einheit zusammen: die Politisierung, die Aktualisierung, die Episierung und die Technisierung."[65] Die Verwendung der Technik in seinen Werken zeichnet vor allem die Stücke aus der Zeit des Einflusses des Marxis-

57 Vgl. Peter Langemeyer: Macht und Parteilichkeit oder: Was ist „politisch" am politischen Theater der Moderne? In: Knut Ove Arntzen/ Siren Leirvåg/ Elin Nesje Vestli (Hrsg.): *Dramaturgische politische Strategien im Drama und Theater des 20. Jahrhunderts*. St. Ingbert: Röhrig Universitätsverlag 2002, S. 102-122 hier S. 105f.
58 Ebenda, S. 106.
59 Vgl. Karl Marx/Friedrich Engels: *Werke*. Hrsg. v. Institut für Marxismus-Leninismus bei ZK der SED. Bd. 20 Berlin 1972, S. 1-303, hier S. 264.
60 Erwin Piscator: *Das Politische Theater*. Reinbek bei Hamburg: Rowohlt 1963, S. 36.
61 Ebenda, S. 70.
62 Vgl. Elfriede Jelinek: o.T. In: *Bio-Technik*, Wien (Mai 1983).
63 Elfriede Jelinek: o.T. In: *Bio-Technik*, Wien (Mai 1983).
64 Vgl. Langemeyer, a.a.O., S. 106.
65 Ebenda.

mus aus. Die damals verfassten, kurzen *Lehrstücke*[66], enthalten, gemäß der zeitgenössischen musikalischen Erneuerungen, Elemente, die dem Folkloristischen und der Populärmusik nahe standen und so für den Rezipienten einfach aufzufassen waren. Die mit dem Begriff des *experimentellen Theaters* klassifizierten Lehrstücke waren als Werkzeuge der Arbeiterbewegung gedacht. „Durch Teilnahme an Aufführungen sollte man im Dienste des Klassenkampfes Haltungen überprüfen oder einüben. [...] Charakteristisch für die Lehrstückdramaturgie ist die Demonstrationsgeste und die Haltung einer zielbewußten Beweisführung.“[67] Jan Esper Olsson deutet Brechts Lehrstückphase als Parteinahme des Dramatikers für die Gegenbewegung zur Entwicklung der nationalsozialistischen Ideologie, denn diese Phase ging der faschistischen Machtübernahme in vielen europäischen Ländern voran. „In dieser Situation bot Brecht das Theater als eine Waffe an.“[68] Im Angesicht der Machtübernahme der Faschisten sah sich der Autor gezwungen, seine literarische Produktion der neuen Situation anzupassen und „nicht [mehr] Lehrstücke für die interne Arbeit, sondern Theater für ein großes Publikum mit sehr verschiedenen Voraussetzungen und Erwartungen“[69] zu verfassen. Dabei ging es darum, in Zusammenhang mit den verschiedenen Erwartungen des Publikums, die wichtigsten Informationen zu vermitteln, die mit der politischen Situation in Deutschland verbunden waren, so zum Beispiel das Stück *Furcht und Elend des Dritten Reiches*. Dafür verwendete er wiederum Formen ganz traditionellen Theaters wie Exposition oder Steigerung.[70]

Bert Brecht gebrauchte also verschiedene Varianten der dramaturgischen Konzeption und stellte damit einen Bezug zu seiner eigenen Kommunikationsabsicht mit dem Publikum dar. Er versuchte auf diese Weise eine neue Form des Dramas einzuführen, die eine zeitgenössische Reaktion auf die außergewöhnliche politische und gesellschaftliche Lage war und so, einerseits als eine Art Experiment, andererseits aber auch als eine These und gleichzeitig als deren Antithese, von ihr abhängig blieb.[71]

Helga Mahrdt zitiert die Aussage Theodor W. Adornos, dass es „'barbarisch' wäre nach Auschwitz ein Gedicht zu schreiben“[72] und dass „[a]lle Kultur nach

---

66 Vgl. Jan Esper Olsson: Brechts poetische Strategien. In: Knut Ove Arntzen/ Siren Leirvåg/ Elin Nesje Vestli (Hrsg.): *Dramaturgische politische Strategien im Drama und Theater des 20. Jahrhunderts*. St. Ingbert: Röhrig Universitätsverlag 2002, S. 123-135, hier S. 124.

67 Ebenda, S. 125.

68 Ebenda, S. 126.

69 Ebenda, S. 124.

70 Vgl. Ebenda, S. 126-127.

71 Vgl. Olsson, a.a.O., S. 135.

72 Helga Mahrdt (Tromsø): Peter Weiss' Auseinandersetzung mit dem Faschismus am Beispiel der „Ermittlung“. In: Knut Ove Arntzen/ Siren Leirvåg/ Elin Nesje Vestli (Hrsg.): *Dramaturgische politische Strategien im Drama und Theater des 20. Jahrhunderts*. St. Ingbert: Röhrig Universitätsverlag 2002, S. 158-181, hier S. 158.

Auschwitz, samt der dringlichen Kritik daran, [Müll sei]"[73], dass aber Leiderfahrungen sehr wohl ein Recht darauf hätten, ausgedrückt zu werden. Mahrdt meint, dass im Gegensatz zu dem Werk von Autoren wie Jean Améry, Paul Celan, Ruth Klüger oder Endre Kertesz, die den Holocaust überlebt hatten, sich Peter Weiss „wie [viele] andere verschonte Juden"[74], die Frage nach der Darstellbarkeit der „Vernichtungsgeschichte des Nationalsozialismus"[75] stellt, denn Künstler stünden stets „vor der Schwierigkeit, w i e sie zur Erinnerung etwas beitragen können, ohne den Terror zu ästhetisieren"[76].

Das grundsätzliche Problem der Nachkriegszeit und somit auch die große Aufgabe eines Schriftstellers, war es, „gegen Verdrängung, Verleugnung und „Entwirklichung" der nationalsozialistischen Vergangenheit zur Bewältigung aufzufordern"[77]. Denn das Ausmaß der Verdrängung wurde erst Anfang der sechziger Jahre wirklich klar. Von diesem Zeitpunkt an beschäftigten sich Dramatiker intensiver mit diesem Thema.[78]

In demselben Zusammenhang wurden zuerst dramatische Werke aufgeführt, die konkrete Personen aus der Geschichte des Zweiten Weltkriegs namentlich erwähnten und sich mit ihren Schicksalen oder ihrer Rolle in der Geschichte auseinandersetzten. So entstand beispielsweise 1957 *Korczak und die Kinder* von Erwin Sylvanus, der dem Direktor des Warschauer Waisenhauses Dr. Janusz Korczak, der 1942 die Kinder aus dem Waisenhaus freiwillig in das Konzentrationslager in Majdanek begleitete. Rolf Hochhuths *Der Stellvertreter* von 1963 konzentriert sich ebenfalls auf die Darstellung konkreter historischer Figuren und stellt eine exemplarische Kritik an der Mentalität der damaligen Gesellschaft auf, indem er einen Kontrast zwischen der individuellen Stellungnahme ziviler Bevölkerung und der neutralen Haltung des Oberhauptes der Katholischen Kirche aufzeigt. Auf diese Weise verteidigt der Autor „das Individuum, dessen Freiheit der Entscheidung und Verantwortlichkeit vor der Geschichte als Basis des Dramas"[79] und polemisiert hiermit gegen die Auffassung Adornos von der Zerstörung des Individuums innerhalb der Industriegesellschaft, die er laut Huyssen als „Gleichmacherei" missverstand.[80]

In dem Stück *Die Ermittlung* von 1965, bringt Peter Weiss im Genre des *dokumentarischen Theaters* die Probleme der Verdrängung der Kriegsgräuel zur Sprache, mit denen Deutschland in der Nachkriegszeit zu kämpfen hatte. Auf

---

73 Helga Mahrdt (Tromsø): Peter Weiss' Auseinandersetzung mit dem Faschismus am Beispiel der „Ermittlung". In: Knut Ove Arntzen/ Siren Leirvåg/ Elin Nesje Vestli (Hrsg.): *Dramaturgische politische Strategien im Drama und Theater des 20. Jahrhunderts*. St. Ingbert: Röhrig Universitätsverlag 2002, S. 158-181, hier S.158..

74 Ebenda, S. 163.

75 Ebenda, S. 159.

76 Ebenda..

77 Ebd.

78 Ebd.

79 Andreas Huyssen: Unbewältigte Vergangenheit – Unbewältigte Gegenwart. In Reinhold Grimm/ Jost Hermand [Hrsg.]: Geschichte im Gegenwartsdrama- Stuttgart u.a.: Verlag W. Kohlhammer 1976, S. 39-53, hier S. 49.

80 Vgl.Ebenda.

diese Weise setzt er sich mit dem Thema der NS-Aufarbeitung auseinander, ohne Gefahr zu laufen, selbst „'ästhetisch eine Bewältigung vorzutäuschen' […], welche in der Praxis nicht stattfand"[81]. Mahrdt beruft sich auf die Auffassung von Weiss, dass die „Stärke des dokumentarischen Theaters"[82] darin bestand, „daß es aus den Fragmenten der Wirklichkeit ein verwendbares Muster, ein ‚Modell', zusammenzustellen verm[ochte]. Es geht [bei dem Verfahren] nicht um die Reproduktion eines historischen Augenblicks, auch nicht um Einzelschicksale, im Gegensatz zu Grillparzer [folglich auch zu Sylvanus und Hochhuth], sondern um die Struktur, die erkannt werden soll."[83] Ulrike Paul lehnt jedoch die Anonymität der Personen aus *Die Ermittlung* entschieden ab. Laut ihr „bringt [Weiss] diese Anonymität um ihr historisches Gewicht und verharmlost die Bedeutung, die von ihr ausgeht"[84].
Theodor W. Adorno verstand die Anonymisierung jedoch anders. Er meinte in einem Brief an Hochhuth: „Überall wird personalisiert, um anonyme Zusammenhänge […] lebendigen Menschen zuzurechnen und dadurch etwas von spontaner Erfahrung zu erretten"[85] und fordert eine neue Art von Theater. Er unterstreicht dabei: „Die Absurdität des Realen drängt auf eine Form, welche die realistische Fassade zerschlägt."[86]
Die aus dieser Forderung und dem persönlichen Bedürfnis der deutschsprachigen Theaterautoren entstandenen literarischen Strömungen treten gegen die Dämonisierung der Nazivergangenheit in der Kunst aber auch gegen eine direkte Darstellung der historischen Fakten im *dokumentarischen Theater*. Trotzdem nutze die Studentenbewegung der 60er Jahre das Genre des *dokumentarischen Theaters*, um die Vergangenheit mit der Gegenwart zu verknüpfen und auf diese Weise, wie es der Autor Klaus Baumgart ausdrückte, dem Faschismus „vorzubauen"[87], also „die Zukunft zu bewältigen"[88]. Das führte wiederum bei vielen Autoren zu einem Rückgang der Bewältigung der NS-Vergangenheit und einer stärkeren Kritik an der Gegenwart.[89]

---

81 Helga Mahrdt (Tromsø): Peter Weiss' Auseinandersetzung mit dem Faschismus am Beispiel der „Ermittlung". In: Knut Ove Arntzen/ Siren Leirvåg/ Elin Nesje Vestli (Hrsg.): *Dramaturgische politische Strategien im Drama und Theater des 20. Jahrhunderts*. St. Ingbert: Röhrig Universitätsverlag 2002, S. 158-181, hier S. 160.

82 Zitat nach: Ebenda, S. 173.

83 Ebenda.

84 Ulrike Paul: Vom Geschichtsdrama zur politischen Diskussion. Über die Desintegration von Individuum und Geschichte bei Georg Büchner und Peter Weiss. München: Wilhelm Fink Verlag 1974, S. 173-199, hier S. 199.

85 Zitat nach: Andreas Huyssen: Unbewältigte Vergangenheit – Unbewältigte Gegenwart. In Reinhold Grimm/ Jost Hermand [Hrsg.]: Geschichte im Gegenwartsdrama-Stuttgart u.a.: Verlag W. Kohlhammer 1976, S. 39-53, hier S. 50.

86 Zitat nach: Ebenda.

87 Zitat nach: Huyssen, a.a.O., S. 52.

88 Ebenda.

89 Vgl. Ebenda, S. 52-53.

4. Die Frage der Zeitkritik bei Thomas Bernhard und Elfriede Jelinek.

Thomas Bernhard soll 1984 in einem Interview gesagt haben, „dass er, weil es seiner Natur entspreche, eine der ‚paar Krähen [sei], die Widerstand krächzen' [...] Widerstand gegen eine Welt, die als Schauspiel und Welt-Theater aber lächerlicherweise allen gefallen."[90] Wenn man diese Aussage Bernhards mit der Äußerung Elfriede Jelineks vergleicht, die meinte: „[I]ch will keinen sakralen Geschmack von göttlichem [sic] zum Leben Erwecken [sic] auf der Bühne haben. Ich will kein Theater"[91] so lässt sich eine gewisse literarische Verwandtschaft erkennen. Es muss jedoch eindeutig darauf hingewiesen werden, dass sich die beiden Autoren, obwohl oft in Bezug auf ihre Zeitkritik und das *Nestbeschmutzertum* gleich hintereinander genannt, in ihren literarischen Programmen weitgehend voneinander unterscheiden.[92]

Karl Müller nennt als grundsätzliche Punkte der Zeitkritik bei Thomas Bernhard die ironische Darstellung der Wirklichkeit in seinen Werken, die oftmals komisch erscheint „angesichts ‚unsere[r] Existenz', die eigentlich ‚nur noch reines Erschrecken , sein müsste, ‚aber [...] nur erbärmlich' [...] und deswegen belachenswert sei"[93]. Müller zitiert die Bezeichnung Manfred Mittermayers, der Bernhards Weltanschauung folgendermaßen zusammenfasst: „Welt als Narrenhaus"[94].

Ähnlich sieht Elfriede Jelinek die ironische Komik als ein wichtiges Element ihrer literarischen Arbeiten, denn sie schätzt an ihren eigenen Texten, wie es Müller zitiert, am meisten, „daß man im größten Schrecken manchmal lachen muß"[95]. Wichtig ist jedoch bei Jelinek immer, in die auf Montagetechnik basierenden Texte, eigene Überzeugungen einzubringen, sodass die politische Aufgabe des Stücks besonders hervorgehoben wird.[96] So lässt sich die von Müller angeführte Äußerung Jelineks verstehen: „Ich, als Autorin, kläre das Ganze noch auf eine Aussage hin. Aber das meiste ist ohnehin schon oft gesagt worden, und es ist unnötig, etwas zu erfinden, das anderswo schon besser gesagt worden ist."[97]

---

90 Karl Müller: *Die* Theaterkonzepte Thomas Bernhards und Elfriede Jelineks im Vergleich. In: Martin Huber/Manfred Mittermayer/Wendelin Schmidt-Dengler/Lacko Vidulić (Hrsg.): Thomas Bernhard Jahrbuch 2004. Wien u.a.: Böhlau Verlag 2004, S. 91-97, hier S. 92.

91 Zitat nach: Ebenda, S. 95.

92 Vgl. Ebenda, S. 94.

93 Ebenda, S. 91.

94 Ebenda, S. 92.

95 Zitat nach: Karl Müller: *Die* Theaterkonzepte Thomas Bernhards und Elfriede Jelineks im Vergleich. In: Martin Huber/Manfred Mittermayer/Wendelin Schmidt-Dengler/Lacko Vidulić (Hrsg.): Thomas Bernhard Jahrbuch 2004. Wien u.a.: Böhlau Verlag 2004, S. 91-97, hier S. 94.

96 Vgl. Ebenda, S. 97.

97 Ebenda.

Laut Müller[98] lässt sich dieses Verfahren bei Bernhard nicht beobachten, denn seine „skeptisch- ‚aristokratische' Beziehung [...] zu allem Menschenwerk, insbesondere zu allen als wissenschaftlich geltenden Menschenprodukten"[99] lies dies nicht zu. Diesbezüglich zitiert Müller Bernhards Aussage: „Alle Nobelpreisträger zusammen: wenn man das alles zusammenrechnet, was sie gedacht haben und wenn man einen Strich macht, ist das ein großer Blödsinn."[100]

98 Vgl. Karl Müller: *Die* Theaterkonzepte Thomas Bernhards und Elfriede Jelineks im Vergleich. In: Martin Huber/Manfred Mittermayer/Wendelin Schmidt-Dengler/Lacko Vidulić (Hrsg.): Thomas Bernhard Jahrbuch 2004. Wien u.a.: Böhlau Verlag 2004, S. 91-97, hier S. 97..

99 Ebenda.

100 Ebd.

5. Politische Kritik bei Thomas Bernhard.

Die offene Form der Texte Thomas Bernhards ist, laut Bentz[101], besonders bezeichnend für sein Œuvre. Sie rief trotz der Vielfältigkeit der Interpretation, durch ihre Provokation, ganz bestimmte Reaktionen der Rezipienten hervor, die zu medienaktuellen Themen wurden. „Das ‚Bemerkenswerte' hierbei war, daß Bernhard, der sich selbst als absolut unpolitischen Autor bezeichnete, dadurch immer heftigste politische Debatten auszulösen imstande war."[102]

Im Zusammenhang mit Bernhards Kritik an den parteipolitischen Programmen muss vor allem der „radikale Pessimismus"[103] des Autors berücksichtigt werden, der ihn zu der von Donnenberg erwähnten Einstellung führte, „daß die republikanische Idee überhaupt [...], insbesondere Kommunismus und Sozialismus, von jeher vage und völlig unrealisierbare Begriffe, poetische Wunschträume einzelner [...] Schizophrenieerkrankter [...] sind, die durch katastrophal-nationale Kurzschlüsse die ganze Welt unter Strom zu setzen versuchten und schließlich auch unter Strom setzten und in Brand steckten"[104]. Außerdem führte ihn diese radikale Einstellung zu einer nihilistischen Vision der Zukunft Österreichs, verursacht durch den kulturellen und künstlerischen Zerfall, die er 1966 in der *Politischen Morgenandacht* zum Ausdruck brachte: „Wir werden nicht über Nacht nichts sein, aber wir werden eines Tages nichts sein. Überhaupt nichts. Und beinahe nichts sind wir schon. Ein kartographisches Nichts, ein politisches Nichts. Ein Nichts in Kultur und Kunst."[105]

Die Entwicklung dieser pessimistischen Haltung, die auch keinerlei Verbesserungsvorschlag beinhaltete, denn „Weltverbessern [war laut Bernhard] ein Wahnsinn"[106], war sicherlich auf die Kindheits- und Jugenderlebnisse des Autors zurückzuführen. Der Schriftsteller hatte die Kriegsjahre in Erinnerung und auch die Zeit des Wiederaufbaus nach dem Krieg. Daher ist für die Analyse der politischen Haltung Bernhards und der gesellschaftskritischen Aussagen in seinen dramatischen Texten und Prosatexten eine Auseinandersetzung mit der Biographie des Autors von großer Wichtigkeit.

---

101 Oliver Bentz: *Thomas Bernhard- Dichtung als Skandal.* Würzburg: Verlag Königshausen & Neumann 2000, S. 45.

102 Ebenda.

103 Josef Donnenberg: *Thomas Bernhard (und Österreich). Studien zu Werk und Wirkung 1970-1988.* Stuttgart: Verlag Hans-Dieter Heinz 1997, (Salzburger Beiträge Nr. 32) (Stuttgarter Arbeiten zur Germanistik. Nr. 352), S.130.

104 Thomas Bernhard: Politische Morgenandacht. In: *Wort in der Zeit*, H 12, 1966, S. 11f.

105 Ebenda.

106 Zitat nach: Josef Donnenberg: *Thomas Bernhards Zeitkritik und Österreich.* In: Pittertschatscher, Alfred (Hrsg. u. a.): Literarisches Kolloquium Linz 1984: Thomas Bernhard. Materialien. Linz: Donau Verlag 1985, S.42-58, hier S.53.

5.1. Biografischer Umriss.

Die Erfahrungen der Kindheits- und Jugendjahre wirkten sich nachhaltig nicht nur auf das spätere Leben und das Œuvre Thomas Bernhards, sondern auch auf dessen gesellschaftskritische Position aus. Aus diesem Grund wird im Folgenden Kapitel eine Rahmendarstellung der Entwicklung Bernhards zum gesellschaftskritischen Autor präsentiert. Auf diese Weise erhält sein letztes Werk, das Drama *Heldenplatz*, und dessen Rezeption, eine bessere kontextuelle Einbettung.
In dieser Arbeit werden nur die für das Thema relevanten biografischen Informationen berücksichtigt.

5.1.1. Kindheit und Kriegsjahre.

Der 1931 im holländischen Heerlen geborene Thomas Nicolaas Bernhard war der uneheliche Sohn von Alois Zuckerstätter und Herta Bernhard. Die berufstätige Mutter hatte keine Zeit, sich um ihren Sohn zu kümmern. Die in verschiedenen Kinderstätten verbrachte Zeit, zahlreiche Umzüge und die damit verbundene Einsamkeit, prägten das weitere Leben des Autors. „Bernhard macht darin eine Urszene seines Lebens und eine traumatische Erfahrung aus, die auf verschiedene Weise ihren Widerhall im Werk finden[.]“[107] Die Beziehung Herta Bernhards zu ihrem Sohn zeichnete sich durch Kälte aus, der Vater kümmerte sich überhaupt nicht um ihn. Die einzige Bezugs- und Vertrauensperson Thomas Bernhards in den Kindheitsjahren war sein Großvater, der Schriftsteller Johannes Freumbichler, der ihn mit der Kunst vertraut machte. Mit ihm verbrachte Bernhard viel Zeit und war von seinem Tod 1949 zutiefst erschüttert.[108] Hans Höller spricht sogar, sich auf Bernhards Aussage berufend, von dem Ende seiner „ersten Existenz“[109]. In dem späteren literarischen Werk Bernhards finden sich, auch in *Heldenplatz*, viele Figuren mit den Zügen des Großvaters, des „einsamen Geistesmenschen [gezeichnet von] grenzenlose[m] Menschenhaß“[110], der seine ganze Umgebung, darunter auch, oder eher vor allem, seine Ehefrau unterdrückt, denn wie Bernhard selbst sagte: „Der Künstler liebt nur seine Kunst und die macht ihn zum Egoisten. Zum edlen Egoisten“[111].
Als Thomas Bernhard 1936 in die Schule kam, heiratete Herta Bernhard Emil Fabjan, der den Jungen jedoch nie als seinen Sohn akzeptierte. Kurz darauf zog die Familie nach Traunstein in Bayern. Dort begann eine erneute Isolierungs-

---

107 Joachim Hoell: *Thomas Bernhard.* München: Deutscher Taschenbuch Verlag 2000, S. 9.

108 Vgl. Hans Höller: *Thomas Bernhard.* Reinbek bei Hamburg: Rowohlt Taschenbuch Verlag 1993, S. 34-48.

109 Zitat nach: Ebenda, S. 41.

110 Ebenda, S. 40.

111 Ebenda, S. 39.

phase für Thomas Bernhard, denn er wurde wie ein Fremder behandelt und von den Mitschülern stets erniedrigt, weswegen er sogar einen Selbstmordversuch unternommen haben soll. Als die Großeltern 1938 in ein nahe gelegenes Dorf zogen, nutzte Bernhard die räumliche Nähe, um mit ihnen möglichst viel Zeit zu verbringen und kam so besser mit seiner Einsamkeit zurecht. [112]
Als Österreich 1938 an das Nazideutschland angeschlossen wurde, bekam Thomas Bernhard die politische Einstellung des Großvaters mit, der unter Verbot stehende, ausländische Radiosender hörte und schließlich von einem Nachbarn denunziert wurde. „Aus eigenen Kindheitserlebnissen, durch die ‚Gegnererziehung' des Großvaters und durch die Restauration nach dem Krieg entwickelt[e] Bernhard sein kritisches Österreich-Bild."[113]
In den Kriegsjahren musste Bernhard dem „Jungvolk" beitreten, einer „Vorstufe der ‚Hitlerjugend'"[114], wo er sich durch seine guten sportlichen Ergebnisse im Laufen auszeichnete. Wegen Problemen in der Schule schickte man ihn in ein Heim für schwer erziehbare Kinder, wo er wiederholt demütigt wurde. Daraufhin kam Bernhard in eine Internatschule in Salzburg und, nach dem Bombardement der Stadt 1944, in eine Hauptschule für Jungen. Die Erinnerungen an jene Zeit verarbeitete er in der Autobiografie „Die Ursache", „[g]leichzeitig zeigt[e] ‚Die Ursache' auch Bernhards Verstrickung in der österreichischen Geschichte, die individuelle Schädigung durch kollektive Verbrechen."[115]
Die letzten Monate des Krieges zeichneten sich durch wiederholte Bombenangriffe und die damit verbundenen deprimierenden Zustände und Gefahren in Salzburg aus, daher entschied die Großmutter Thomas Bernhards, den Jungen nach Traunstein zu holen, woher er bis Kriegsende nach Möglichkeit täglich mit dem Zug nach Salzburg zur Schule fuhr.[116]

5.1.2. Jugend und Ausbildung.

Nach dem Zweiten Weltkrieg zog Thomas Bernhard mit den Eltern und Großeltern nach Salzburg, wo die Familie zuerst in sehr schlechten Wohnverhältnissen wohnte. Wegen schlechter Schulnoten gab er die Schule auf und nahm 1947 eine Kaufmannslehre bei Karl Podhala auf, der nach dem Großvater zu seinem zweiten großen Vorbild wurde. Der Laden des Kaufmanns war zugleich auch ein Treffpunkt für die Bewohner aus der Umgebung. Hoell zitiert in Bezug

---

112 Vgl. Joachim Hoell: *Thomas Bernhard.* München: Deutscher Taschenbuch Verlag 2000, S. 19- 22.
113 Ebenda, S. 24.
114 Ebenda.
115 Hoell, a.a.O.,. 29.
116 Vgl. Hans Höller: *Thomas Bernhard.* Reinbek bei Hamburg: Rowohlt Taschenbuch Verlag 1993, S. 20-21.

darauf die Aussage Bernhards: „Mein Großvater hatte mich im Alleinsein und Fürsichsein geschult, der Podhala im Zusammensein."[117]
Hans Höller bezeichnet die stete Vorbereitung und Ermutigung Thomas Bernhards seitens seines Großvaters zu einer Künstlerkarriere. „[E]s scheint, als hätte der alte, erfolglose Schriftsteller all das auf den Enkel projiziert, was ihm selber versagt geblieben war."[118] Auf Wunsch des Großvaters nahm Thomas Bernhard Gesang- und Musiktheorieunterricht. „Freumbichlers Wunsch [schien] endlich in Erfüllung zu gehen, denn Bernhard träumt[e] von einer Künstlerkarriere."[119]
Seine Pläne wurden jedoch bald unterbrochen, denn im Oktober 1948 erkrankte er und musste sein Leben lang an den schwerwiegenden Folgen der verschleppten Grippe und der darauf folgenden Tuberkulose leiden. Das Gefühl des fehlenden Atems wurde zu einem immer wiederkehrenden Motiv in seinem Œuvre. Die Krankheit und den Aufenthalt in einer Lungenheilanstalt verarbeitete er in der Autobiografie *Der Atem. Eine Entscheidung*, in der sich der Protagonist ganz bewusst zum Weiteratmen und für den Kampf um jeden Atemzug entscheidet.[120]
Der Tod des Großvaters im Februar 1949 stürzte Thomas Bernhard in eine tiefe Trauer, er konnte sich jedoch mit seiner an Gebärmutterkrebs erkrankten Mutter versöhnen, „Mutter und Sohn entdeck[t]en im Angesicht des Todes eine niemals zuvor da gewesene Verbundenheit und Zärtlichkeit."[121]
Während dieser Zeit fand Bernhard genügend Zeit, sich der Literatur zu widmen. Er las vor allem die aus der Bibliothek des Großvaters stammenden zentralen Werke der Weltliteratur. Laut einem Zitat von Hoell, fand Bernhard bereits damals seine Berufung: „Ich hatte mich schon zu dieser Zeit in das Schreiben geflüchtet, ich schrieb und schrieb, ich weiß nicht mehr, Hunderte, Aberhunderte Gedichte, ich existierte nur, wenn ich schrieb, mein Großvater, der Dichter, war tot, jetzt durfte *ich* schreiben."[122]

5.2. Literarischer Werdegang.

Die ersten Veröffentlichungen des jungen Bernhards waren Zeitungsartikel beim *Demokratischen Volksblatt*, einer regionalen Zeitung der Sozialistischen Partei Österreichs in Salzburg, die er unter dem Pseudonym Thomas Fabjan, dem Nachnamen seines Stiefvaters, 1950 publizierte. Gleichzeitig bildete er sich

117 Joachim Hoell: *Thomas Bernhard.* München: Deutscher Taschenbuch Verlag 2000, S. 36.
118 Hans Höller: *Thomas Bernhard.* Reinbek bei Hamburg: Rowohlt Taschenbuch Verlag 1993, S. 40.
119 Hoell, a.a.O., S. 36.
120 Vgl. Ebenda, S. 37-39.
121 Ebenda, S. 41.
122 Ebenda, S. 44.

musikalisch weiter und lernte dabei die 37 Jahre ältere Witwe Hedwig Stavianicek kennen, mit der er sein Leben lang befreundet blieb.[123]
Nachdem Bernhard schlussendlich 1951, als für gesund erklärt, aus der Lungenheilstätte in Grafenhof entlassen wurde, wurde er stets von Hedwig Stavianicek gefördert; sie war es, die ihn in die Künstlerkreise einführte, sie finanzierte auch die gemeinsamen Auslandsreisen. Dieses ungleiche Verhältnis blieb jedoch nicht ohne Konflikte, „[Hedwig Stavianicek verhielt] sich ihrem Schützling gegenüber oftmals despotisch, dieser demütigt[e] sie wiederum durch Gleichgültigkeit und Geringschätzung."[124] Im Allgemeinen erwies sich diese Freundschaft jedoch als von großem Nutzen für den jungen Künstler.[125]
Höller[126] erwähnt die Vorteile, die sich für Bernhard während seiner Zeit beim *Demokratische Volksblatt* ergaben, denn dort erlernte er das journalistische Handwerk. Drei Jahre lang berichtete er täglich vorwiegend über Gerichtsverhandlungen und konnte durch diese Tätigkeit an seinem Stil arbeiten. Die für den Journalismus notwendige Knappheit und der für die Textsorte spezifische Aufbau der Berichte sollen von nicht zu übersehender Bedeutung für das spätere literarische Schaffen des jungen Autors gewesen sein, er selbst bezeichnete sie laut Hoell als „ein unschätzbares Kapital"[127], wobei dieser betont, dass Bernhard „dabei nicht nur das Bewusstsein für die Form eines Textes [erlangte], sondern auch Einblick in die soziale und politische Realität Salzburgs und Oberösterreichs, deren Widerhall in den späteren literarischen Arbeiten zu erkennen ist."[128] Schon damals begann Thomas Bernhard den Stil zu entwickeln, der in den späteren Jahren in seinem Öffentlichkeitsbild als „Übertreibungskünstler" kulminierte, wiederholt lieferte er unrichtige Meldungen, die der Zeitung zwar einen Sensationscharakter verliehen, die er jedoch im Nachhinein jedes Mal richtig stellen musste.[129]
Da Thomas Bernhard sich weigerte der Sozialistischen Partei Österreichs beizutreten, musste er die Zeitung 1954 verlassen. Zu diesem Zeitpunkt hatte er jedoch bereits einige Kurzprosa-Sammlungen veröffentlicht und es gelang ihm, eine gewisse Selbstsicherheit als Autor zu erlangen. Nach einer Ehrenbeleidigungsklage als Reaktion auf seinen Beitrag in der Wiener Wochenzeitschrift *Die Furche*, in dem er das Salzburger Landestheater als „Rummelplatz des Dilettantismus" bezeichnete, begann sich sein Image als „Skandalautor" zu entwickeln.[130]

---

123 Vgl. Hans Höller: *Thomas Bernhard.* Reinbek bei Hamburg: Rowohlt Taschenbuch Verlag 1993, S. 44-61.

124 Joachim Hoell: *Thomas Bernhard.* München: Deutscher Taschenbuch Verlag 2000, S. 48.

125 Ebenda, S. 47-49.

126 Vgl. Höller, a.a.O., S. 44-45.

127 Hoell, a.a.O., S. 50.

128 Ebenda.

129 Vgl. Ebenda, S. 49-52.

130 Vgl. Ebenda, S. 52-53.

In den Jahren 1955-1957 studierte Thomas Bernhard am Salzburger Mozarteum, das er mit einer Bühnenreifeprüfung in Regie abschloss, „er verfügt[e] dadurch über profunde Kenntnisse von Dramaturgie und Regie, erlernt[e] das handwerkliche Rüstzeug des Theatermachers und erweitert[e] seinen Horizont an klassischer und zeitgenössischer Dramenliteratur."[131] Die am Mozarteum erworbenen Fähigkeiten setzte er in seiner späteren Laufbahn als Dramatiker erfolgreich ein.[132]

5.3. Die Entwicklung einer gesellschaftskritischen Position.

Mit der Erzählung *Der Schweinehüter*, die 1956 in der von Hans Weigel herausgegebenen Anthologie *Stimmen der Gegenwart* erschien, begann Bernhards Auseinandersetzung mit den Mechanismen der Kriegsaufarbeitung. „Erstmals baut[e] er eine düstere und antiidyllische Stimmung auf, die mit der gekünstelten Harmonie der Nachkriegszeit [brach]."[133]
Bereits seit Mitte der 50er Jahre arbeitete Bernhard an seiner literarischen Karriere und ließ sich zuerst sowohl von den Autoren der Moderne, wie von den spanischen Dichtern Rafael Alberti und Jorge Guillén inspirieren;[134] dann aber, ähnlich wie später Elfriede Jelinek, von den avantgardistischen Aktivitäten der Wiener Gruppe und ebenso von den Texten gegenwärtiger ausländischer Autoren, darunter Samuel Beckett, Jean Genet und Eugène Ionesco. Daraus entwickelte sich auch die mediale Etikettierung Bernhards durch die österreichische Kritik als „Alpen-Beckett". Aufgrund dieser Einflüsse veränderte sich sowohl der sprachliche Ausdruck des Autors, als auch die inhaltliche Ebene seiner Texte. „Vereisung, Verwesung und Verfinsterung zeigen eine Welt ohne Trost, die Erlösung wartet erst im Tod."[135] Jedoch lässt sich in seinem Werk immer der auch schon für das Beckettsche Œuvre charakteristische Humor feststellen.[136]
Höller[137] datiert den Beginn einer bemerkbaren Festigung der gesellschaftskritischen Einstellung Bernhards bereits auf die 50er Jahre. Die Beziehung zu dem Künstlerkreis um Gerhard und Maja Lampersberg verarbeitete er in dem Roman *Holzfällen. Eine Erregung,* dessen Inhalt im Erscheinungsjahr 1984 zu einem

---

131 Joachim Hoell: *Thomas Bernhard.* München: Deutscher Taschenbuch Verlag 2000, S. 58.
132 Vgl. Hans Höller: *Thomas Bernhard.* Reinbek bei Hamburg: Rowohlt Taschenbuch Verlag 1993, S. 52.
133 Hoell, a.a.O., S. 56.
134 Vgl. Höller, a.a.O., S. 54.
135 Hoell, a.a.O., S. 61.
136 Vgl. Ebenda, S. 59- 63
137 Vgl. Höller, a.a.O., S. 56-58

der größten Skandale um die Person des Autors führte. In *Holzfällen* kritisierte Bernhard in einem Zerrspiegel die gesellschaftlichen Verhältnisse der 50er Jahre. Der Erzähler gab darin seinen, aus der Sicht der 80er Jahre immer noch aufwühlenden, Erinnerungen Ausdruck. Die Tatsache, dass Bernhard nach mehreren Jahrzehnten zu den Erinnerungen und Eindrücken der 50er Jahre zurückkehrt, lässt vermuten, dass ihn gerade diese Ereignisse besonders geprägt haben konnten. Wiederholt beschrieb er mit den Mitteln der Übertreibung die Atmosphäre auf dem Tonhof die Lächerlichkeit des Ehepaares Auersberger und die Wiener Künstler. „Die Abrechnung des Erzählers mit dem ‚geilen Schriftstellerverschlinger' verrät nicht nur eine persönliche, sondern auch eine künstlerische Enttäuschung. Es ist der Verrat der Künstler an ihren eigenen Idealen, da sie ‚in die verabscheuungswürdige Staatsanbiederungskunst' eingeschwenkt seien."[138] Die Auseinandersetzung um den Roman steigerte sich bis zur Beschlagnahmung der Bücher und einer Klage seitens Lampersbergs wegen Verunglimpfung, und kulminierte mit einem Auslieferungsverbot für Österreich seitens Bernhards. [139] In seinem Testament verschärfte Bernhard das Auslieferungsverbot auf die Dauer des gesetzlichen Urheberrechts nach seinem Ableben, also 75 Jahre, was aber bereits wenige Jahre nach seinem Tod aufgehoben wurde.[140]

Seit Anfang der 60er Jahre lässt sich in Bernhards Texten eine Tendenz zur Vieldeutigkeit erkennen. In dem Roman *Frost* wurde die Technik des von Umberto Eco mit dem Begriff des „offenen Kunstwerks" benannten Verfahrens eingesetzt, das viele verschiedene, oftmals gegensätzliche Interpretationsmöglichkeiten lieferte.[141]

„Daß Bernhards Literatur Zeitkritik enthält, das wurde einem breiteren Kreis von Österreichern erst bewußt, als der Autor [...] 1968 den österreichischen Staatspreis [für Literatur] erhielt und bei diesem Anlaß eine Rede hielt, die einen Skandal auslöste."[142] Diese These wurde 1970 mit Bernhards erstem, bereits 1966 entstandenem, auf den Vorlagen des Theaters des Absurden basierendem Stück *Ein Fest für Boris* bestätigt, dessen fünfzehn Figuren in Rollstühlen, im Sinne der Übertreibung und Umkehrung ins Lächerliche gerückten, eine allegorische Bedeutung haben. Laut Hoell steht das Motiv der Beinlosigkeit für eine deformierte Gesellschaft, die in der Anormalität Normalität sieht und auf ihre Mitglieder selbst auch deformierend wirkt, indem sie diese zur Anpassung zwingt. Weiters bemerkt er, dass das Stück den Sozialstaat parodiert, indem die Beinlosigkeit der Figuren als Stagnation der Gesellschaft dargestellt wird. So

138 Joachim Hoell: *Thomas Bernhard.* München: Deutscher Taschenbuch Verlag 2000, S.69.

139 Vgl. Ebenda S. 63-70.

140 Vgl. URL: http://www.dieuniversitaet-online.at/beitraege/news/der-archivierte-bernhard/64/neste/1.html [03.02.2008]

141 Vgl. Hoell, a.a.O., S. 77.

142 Josef Donnenberg: *Thomas Bernhards Zeitkritik und Österreich.* In: Pittertschatscher, Alfred (Hrsg. u. a.): Literarisches Kolloquium Linz 1984: Thomas Bernhard. Materialien. Linz: Donau Verlag 1985, S.42-58, hier S. 43.

wird der bei Sartre, Beckett und Genet zu beobachtende Existenzialismus, von Thomas Bernhard um den Aspekt der Sozialkritik erweitert. Trotzdem handeln die literarischen Figuren bei Bernhard selten nach politischen Prinzipien, denn jede politische Veränderung innerhalb der Gesellschaft zieht neue Machtverhältnisse mit sich.[143] Deshalb nahm Bernhard auch nicht an den Aktionen der Studentenbewegung von 1968 Teil, denn laut den Erinnerungen von Hennetmair wollte er „von all den revolutionären Studenten nichts wissen, sagte er, denn wo sind diese in zehn oder fünfzehn Jahren? Dann sitzen sie alle in irgendeinem Amt auf Zimmer 267“[144].

In den 70er Jahren verschärfte sich Bernhards politische Kritik und die Verzweiflung an der Zeit, die er mit Hilfe der Übertreibung und der Umkehrung ins Lächerliche darstellte. Mit den Dramen *Der deutsche Mittagstisch* von 1978, *Vor dem Ruhestand* von 1979 und schließlich mit dem Minidrama *Doda* von 1980 wurde dem Autor der Ruf des politischen Dramatikers zu Eigen.[145]

Bernhard kommentierte auch in den 80er Jahren die aktuellen politischen Ereignisse weiterhin äußerst engagiert; unter anderen auch die Amtszeit des damaligen Bundeskanzlers, Bruno Kreisky. [146]

Donnenberg[147] stellt sich die Frage, ob es sich bei Thomas Bernhard nun tatsächlich um Zeitkritik handelt oder ob dieser eher nur mit purer Provokation bestimmte Reaktionen hervorrufen wollte. Er kommt zu dem Ergebnis, dass bei der üblichen Definition des Wortes, Zeitkritik als „Kritik an den Verhältnissen, Erscheinungen und Ereignissen der Zeit“[148] sich Zeitkritik im ganzen bernhardschen Œuvre erkennen lässt, sowohl in dessen öffentlichen Stellungnahmen, als auch in seinem literarischen Werk im engeren Sinne. Er betont jedoch, dass man bei Bernhard keine Weltverbesserungsideen erwarten kann, es handelt sich lediglich um eine Auseinandersetzung mit dem aktuellen Zustand der Gesellschaft; auch hat der Leser laut seiner Folgerungen, weder mit einer Gesellschaftskritik im Sinne der sozialistischen Theorie zu tun, noch mit einer Kulturkritik im Sinne der konservativ-bürgerlichen Weltanschauung. Vielmehr setzte sich Bernhard mit der Gesellschaft mit derartig radikaler Schärfe auseinander, dass diese sehr leicht außer Kontrolle zu geraten scheint, um in Verallgemeinerungen wie Abscheu oder Verachtung zu gipfeln. Trotzdem unterstreicht Donnenberg die Bedeutung Thomas Bernhards als kühlen Beobachters, der auf die Probleme und möglichen Gefahren für die Gesellschaft hinweist.

---

143 Vgl. Joachim Hoell: *Thomas Bernhard*. München: Deutscher Taschenbuch Verlag 2000, S. 93-102.

144 Zitat nach: Ebenda, S. 103.

145 Vgl. Josef Donnenberg: *Thomas Bernhards Zeitkritik und Österreich*. In: Pittertschatscher, Alfred (Hrsg. u. a.): Literarisches Kolloquium Linz 1984: Thomas Bernhard. Materialien. Linz: Donau Verlag 1985, S.42-58, hier S.51.

146 Vgl. Ebenda, S.52.

147 Vgl. Ebenda, S.52- 54.

148 Vgl. Ebenda S.53.

Schmidt-Dengler[149] unterscheidet sehr deutlich zwischen dem Aktionisten Thomas Bernhard, also dem Verfasser von Leserbriefen, Scheltreden, dem Interviewpartner und Autor von Ansprachen, und dem Dichter Thomas Bernhard, dessen öffentliches Autor-Bild durch das politische Engagement geprägt und dessen Rezeption gesteuert wurde. Ähnlich wie Donnenberg, weist er auf die Autonomie der Rezeption der Texte Bernhards im Kontext seines Aktionismus. „Um fast jedes Werk – wie auch fast um jeden Auftritt Bernhards- wankt[e] sich eine Blumenkette von Skandalen, die den Blick auf das Werk oder auf das den jeweils in Rede stehenden Anlaß der Aktion auf sich und weg vom Text [zog].“[150] Wobei Schmidt-Dengler darauf hinweist, dass Bernhards Aktionen keineswegs ein Teil eines bestimmten Kunstprogramms waren, sondern seiner Verweigerungspraxis zuzuordnen sind. Gleichzeitig erklärt er auch die Stellung Bernhards zu Österreich als die zu einem Land, das „nur mehr als Tragödie [erscheint], die wieder zur Komödie wird“[151].

5.4. Thomas Bernhard und Österreich.

Die schwierige Wechselbeziehung zwischen Thomas Bernhard und Österreich wurde zu einem wichtigen Aspekt für dessen Rezeption und Präsenz in den Medien. Einerseits lies sich eine gewisse Selbstinszenierung Bernhards beobachten, indem er selbst Gerüchte bestätigte oder ihre Version noch verschärfte, so zum Beispiel durch die Aussagen in Interviews, durch Leserbriefe, durch seine, zu verschiedenen Anlässen gehaltenen, Reden; andererseits zeigt sich eine starke Betroffenheit des Autors gegenüber den oftmals aggressiven Reaktionen auf die eigenen Pressemitteilungen und Statements. Die Bezeichnung Bernhards als „Antiheimatdichter“ und „Nestbeschmutzer“ hatte dieser laut Donnenberg zum Teil selbst mitinszeniert, vor allem als er „das österreichische Parlament mit dem ‚Wurstelprater‘, die Regierung mit einer ‚Dummköpfelotterie‘ vergl[ich] und den österreichischen Alltag ein ‚Lustspiel für Marionetten‘“[152] nannte.

Schmidt-Dengler[153] unterscheidet zwei Etappen im Werk Thomas Bernhards, in denen sich dieser der Gesellschaftskritik zuwendet - zuerst die Phase mit dem Hauptthema Tod, darauf folgend die Phase des Lächerlichen, in der sich Bernhard immer wieder auf die Metapher der Welt als Theater bezieht, „[d]ie Akteu-

---

149 Vgl. Wendelin Schmidt-Dengler: *Bernhard-Scheltreden. Um- und Abwege der Bernhard-Rezeption.* In: Alfred Pittertschatscher u.a. (Hrsg. u. a.): Literarisches Kolloquium Linz 1984: Thomas Bernhard, Materialien. Linz: Donau Verlag 1985, S. 89.

150 Ebenda, S.90.

151 Ebenda, S. 93.

152 Josef Donnenberg: *Thomas Bernhards Zeitkritik und Österreich.* In: Pittertschatscher, Alfred (Hrsg. u. a.): Literarisches Kolloquium Linz 1984: Thomas Bernhard. Materialien. Linz: Donau Verlag 1985, S.42-58, hier S. 52.

153 Vgl. Schmidt-Dengler, a.a.O., S.93.

re auf der politischen Bühne werden, im besten Falle, zu Schauspielern einer Nestroyschen Posse"[154]. So steigerte Bernhard seine Gesellschaftskritik bis zu Schimpfkanonaden, die dazu führten, dass er als „Alpenbeckett und Menschenfeind"[155] apostrophiert wurde. Hinzu kam noch die Bezeichnung des „Nestbeschmutzers"[156].
Den Aspekt der „Österreichbeschimpfungen" kommentiert Donnenberg[157] als eine Auseinandersetzung mit der den Autor umgebenden Welt, folglich mit Österreich, als dem Land, das ihn umgab. Dabei weist er den Vorwurf der Nestbeschmutzung eindeutig zurück und erklärt Bernhards Kritik an Österreich als „Ausdruck und Teil einer umfassenden Perspektive",[158] die sich einerseits in der Auseinandersetzung mit der Beziehung zur Stadt Salzburg und andererseits zu internationalen Ereignissen äußert und den Leser zur persönlichen Reflexion zwingt.
Die Schwierigkeit der Interpretation der bernhardschen Texte besteht laut Hoell in der kaum wahrzunehmenden Unterscheidung zwischen den fiktiven und autobiographischen Figuren, der Person des Autors, Bernhard als Autor von Leserbriefen und dem Interviewpartner. So verschmolz oftmals durch sein Spiel mit der Öffentlichkeit, sein eigenes Bild innerhalb der österreichischen Gesellschaft mit seinen Figuren, und die Aussagen der Figuren mit seiner persönlichen Meinung. Unter dieser Verschränkung und den Attacken auf seine Person und den, obwohl voraussehbaren, Polemiken in Zeitungen und Leserbriefen, soll er stark gelitten haben.[159]
„Die bittere Überzeugung von der Nutzlosigkeit, der Vergeblichkeit der Kritik, verbunden mit dem Pathos dessen, der rücksichtslos ‚ausspricht', tr[ieb] seine kritischen Äußerungen in jene der nüchternen Analyse ferne Maßlosigkeit, die ihr oft die Glaubwürdigkeit raubt[e]."[160]

---

154 Wendelin Schmidt-Dengler: *Bernhard-Scheltreden. Um- und Abwege der Bernhard-Rezeption.* In: Alfred Pittertschatscher u.a. (Hrsg. u. a.): Literarisches Kolloquium Linz 1984: Thomas Bernhard, Materialien. Linz: Donau Verlag 1985, S.107.

155 Wendelin Schmidt-Dengler: *Bernhard-Scheltreden. Um- und Abwege der Bernhard-Rezeption.* In: Alfred Pittertschatscher u.a. (Hrsg. u. a.): Literarisches Kolloquium Linz 1984: Thomas Bernhard, Materialien. Linz: Donau Verlag 1985, S.111.

156 Karl Müller: *Die* Theaterkonzepte Thomas Bernhards und Elfriede Jelineks im Vergleich. In: Martin Huber/Manfred Mittermayer/Wendelin Schmidt-Dengler/Lacko Vidulić (Hrsg.): Thomas Bernhard Jahrbuch 2004. Wien u.a.: Böhlau Verlag 2004, S. 91-97, hier S. 94.

157 Vgl. Josef Donnenberg: *Thomas Bernhard (und Österreich). Studien zu Werk und Wirkung 1970-1988.* Stuttgart: Verlag Hans-Dieter Heinz 1997, (Salzburger Beiträge Nr. 32) (Stuttgarter Arbeiten zur Germanistik. Nr. 352), S.130-131.

158 Ebenda, S.130.

159 Vgl. Joachim Hoell: *Thomas Bernhard.* München: Deutscher Taschenbuch Verlag 2000, S. 118-119.

160 Josef Donnenberg: *Thomas Bernhards Zeitkritik und Österreich.* In: Pittertschatscher, Alfred (Hrsg. u. a.): Literarisches Kolloquium Linz 1984: Thomas Bernhard. Materialien. Linz: Donau Verlag1985, S.42-58, hier S.48.

Donnenberg[161] stellt, indem er sich auf Sigmund Freuds Theorie des *Angstsignals*[162] bezieht, die These der Angst als Antriebskraft Bernhards literarischer Tätigkeit auf. Er verweist dabei auf Kritik als offene Haltung gegenüber Angst. Diese Kritik stand der von Bernhard verachteten Verdrängung von Angstzuständen gegenüber. Dabei betont er, dass Thomas Bernhard durch diese Konfrontation mit der Angst sich selbst zu besonderer Aktivität veranlasst fühlte, die ihm eine eigene Lust am Leben gab,[163] und mit seinen Texten beabsichtigte, den Leser ebenfalls zur aktiven Auseinandersetzung mit der Umgebung zu bewegen. Der Leser würde jedoch für diese Auseinandersetzung gewisse Utopien brauchen, denn, so Bernhard: „Die Utopien braucht jeder Mensch. Etwas, woran man sich hängen kann, im Lebenskarussel“[164]. Er selbst jedoch war nicht bereit, diese Utopien und Idealbilder, an die sich die Leser halten sollten, zu entwerfen, denn es ging - wie Donnenberg berichtet - um Idealbilder in der Person des Empfängers des Kunstwerks und nicht in der Person des Autors.[165]
Schmidt-Dengler[166] weist jedoch darauf hin, dass die erwähnten Aktivitäten Bernhards nicht als Komponenten dessen Kunstprogramms gesehen werden dürfen, sondern als Verweigerung des Autors gegenüber dem Leser gedeutet werden sollen. Diese Verweigerung hatte jedoch eine verkehrte Konsequenz, denn „je mehr sich Bernhard dem Leser zu verweigern [schien], desto mehr insinuiert[e] er sich diesem.“[167]

5.4.1. Thomas Bernhard als „Antiheimatdichter“.

Der Begriff der Antiheimatliteratur entstand 1960 mit der Veröffentlichung des Romans *Die Wolfshaut* von Hans Lebert als Gegenstrom zur Heimatliteratur, die sowohl in der Zeit des Nationalsozialismus als auch in der Nachkriegszeit große Popularität erlangte. Namen wie Peter Rosegger oder Karl Heinrich Waggerl wurden abgelehnt und die, als Gegenpol zu den Kriegsgräueln, nach Außen

---

161 Vgl. Josef Donnenberg: *Thomas Bernhards Zeitkritik und Österreich.* In: Pittertschatscher, Alfred (Hrsg. u. a.): Literarisches Kolloquium Linz 1984: Thomas Bernhard. Materialien. Linz: Donau Verlag1985, S.42-58, hier S.49.

162 URL: http://www.scherf-hannover.de/Psychotherapie/Freud/freud.html [03.02.2008]

163 Vgl. auch: Josef Donnenberg: *Thomas Bernhard (und Österreich). Studien zu Werk und Wirkung 1970-1988.* Stuttgart: Verlag Hans-Dieter Heinz 1997, (Salzburger Beiträge Nr. 32) (Stuttgarter Arbeiten zur Germanistik. Nr. 352), S. 128.

164 Josef Donnenberg: *Thomas Bernhards Zeitkritik und Österreich.* In: Pittertschatscher, Alfred (Hrsg. u. a.): Literarisches Kolloquium Linz 1984: Thomas Bernhard. Materialien. Linz: Donau Verlag1985, S.42-58, hier, S.58.

165 Vgl.Ebenda.

166 Vgl. Wendelin Schmidt-Dengler: *Bernhard-Scheltreden. Um- und Abwege der Bernhard-Rezeption.* In: Alfred Pittertschatscher u.a. (Hrsg.): Literarisches Kolloquium Linz 1984: Thomas Bernhard. Materialien. Linz: Donau Verlag 1985, S.90.

167 Ebenda, S.91.

demonstrierte Idylle der Nachkriegszeit, durch scharfe Kritik und das Aufzeigen der in der Gesellschaft vorherrschenden Klischees, dekonstruiert.[168] „Die Provinz ist [...] keine Idylle mehr, ihre Bewohner keine harmlosen Ländler, [d]er Alpentraum wird zum Alptraum."[169]
Bereits im Roman *Frost* lässt sich jedoch eine deutliche Universalität beobachten, sowohl der Zeitkritik als auch der Gesellschafts- und Kulturkritik, die durch die internationale Rezeption und Anerkennung Bernhards Œuvres mehrfach bestätigt wurde. Bernhard unterstrich immer wieder, er würde sich in seinen Werken auf das Wesentliche und allgemein Anwendbare konzentrieren und sich nicht auf die Kritik einer konkreten Person oder eines konkreten Ortes beschränken; diesbezüglich sagte er laut Hoell: „Ich bin doch nicht ein Autor für Österreich oder für drei Gemeinden. Interessiert mich doch gar nicht."[170]
Es muss jedoch hervorgehoben werden, dass Thomas Bernhard sich immer als Österreicher bezeichnete, und weiters, dass er in seiner Kritik deutlich zwischen dem Land Österreich und dem Staat Österreich unterschied. So behauptet Bentz, dass Bernhards Liebe immer dem Staat galt, und zitiert Höller, der meint, der Autor „differenziert(e) sehr deutlich zwischen ‚Land als Synonym für Landschaft und [dem] politisch-rechtlichen Gebilde ‚Staat'"[171], zwei Gegensätze also, die er im Verfahren der Übertreibung gegeneinander ausspielte, als er behauptete, der Staat würde zerstörerisch auf den Bewohner des Landes wirken.[172]

5.4.2. Der Übertreibungskünstler Thomas Bernhard.

Das Verfahren der Übertreibung führt Alfred Pfoser auf Bernhards „barockes Arbeitsmotto [zurück], daß [behauptet] alles [sei] lächerlich [...], wenn man an den Tod denkt"173. Er zitiert auch Schmidt-Denglers Aussage, nach der Bernhard die Wirklichkeit bis zu dem Grade entstellte, ab dem sie wieder kenntlich wurde.174 Aus diesem Grund lässt sich in dem Werk des Autors das idealisierte Bild des Guten einzig und allein in einem übertriebenen Bild vernehmen, in dem sowohl politisches, als auch künstlerisches Versagen zu erkennen ist.175 Denn immerhin befasste sich Bernhard mit aktuellen politischen und gesellschaftli-

---

168 Vgl. Joachim Hoell: *Thomas Bernhard.* München: Deutscher Taschenbuch Verlag 2000, S. 79.
169 Ebenda, S. 79.
170 Ebenda.
171 Oliver Bentz: *Thomas Bernhard- Dichtung als Skandal.* Würzburg: Verlag Königshausen & Neumann 2000, S. 46.
172 Vgl. Ebenda, S. 49.
173 Zitat nach: Ebenda, S. 46.
174 Vgl. Ebenda, S. 45-46.
175 Vgl. auch Josef Donnenberg: *Thomas Bernhard (und Österreich). Studien zu Werk und Wirkung 1970-1988.* Stuttgart: Verlag Hans-Dieter Heinz 1997, (Salzburger Beiträge Nr. 32) (Stuttgarter Arbeiten zur Germanistik. Nr. 352), S. 145.

chen Aspekten, die er ohne jede Rücksichtnahme enthüllte, deren Schwächen er in maßlos übertriebenen Bildern aufzeigte und dadurch „jene Reibung, jenen Widerstand [hervorrief], den er zum Schreiben brauchte.“176
Bentz spricht von der Bestätigung, die Bernhard die aggressiven Reaktionen seines Publikums zur Fortsetzung seiner literarischen Tätigkeit gebracht haben sollen. Er beruft sich hierbei auf Laemmles Erklärung der ambivalenten Beziehung zwischen Autor und Publikum, die zu einem Topos in der österreichischen Literatur wurde, als rituelle, eine Art kathartische Tätigkeit, in der die Regeln für beide Seiten klar sind - „wie die Österreich-Beschimpfer beschimpft werden und wie diejenigen, die die Österreich-Beschimpfer beschimpft haben, selbst wieder beschimpft werden, das ist ein ebenso heikle, wie belustigende, unerschöpfliche Geschichte.“[177] Dies eröffnet auch die möglichen Ursachen für die schwierige Rezeption Thomas Bernhards in Österreich und seinen späteren Ruf als „Nestbeschmutzer“, erklärt aber auch zugleich den Grund für seinen Erfolg im Ausland.[178]

5.4.3. Bernhards ambivalente Rezeption.

„Um fast jedes Werk – wie auch fast um jeden Auftritt Bernhards - rankt[e] sich eine Blumenkette von Skandalen, die den Blick auf das Werk oder auf den jeweils in Rede stehenden Anlaß auf sich und weg vom Text [zog].“[179] Auf Grund der wiederholten Skandale konnte man in Österreich schon sehr bald zwei unterschiedliche Formen der Wahrnehmung der bernhardschen Texte konstatieren. Es gab Rezipienten, „die meinten, Bernhard träfe mit seiner Kritik ins Schwarze, und solche, denen zufolge Bernhard Österreich verunglimpf[t]e“[180].
Bentz[181] spricht von Pfosers Theorie, laut welcher Thomas Bernhard bereits seit den ersten Jahren seiner literarischen Tätigkeit an der gezielten Ausarbeitung eines provokativen Selbstbildes gearbeitet haben soll, großteils durch Äußerungen in der Presse und in anderen Medien. Demnach müsste Bernhard eine Art Strategie ausgearbeitet haben, nach der er vor der Veröffentlichung jedes neuen Werkes vorgegangen sein müsste. Die Studie zur Resonanz Bernhards in den

176 Zitat nach: Oliver Bentz: *Thomas Bernhard- Dichtung als Skandal.* Würzburg: Verlag Königshausen & Neumann 2000, S. 49.
177 Zitat nach: Ebenda, S. 47.
178 Vgl. Joachim Hoell: *Thomas Bernhard.* München: Deutscher Taschenbuch Verlag 2000, S. 78-79.
179 Wendelin Schmidt-Dengler: *Bernhard-Scheltreden. Um- und Abwege der Bernhard-Rezeption.* In: Pittertschatscher, Alfred (Hrsg. u. a.): Literarisches Kolloquium Linz 1984: Thomas Bernhard. Materialien. Linz: Donau Verlag 1985, S.90.
180 Ebenda, S.94.
181 Vgl. Bentz, a.a.O., S. 46.

deutschsprachigen Medien[182] ergab hingegen, nach der Analyse von rund acht Tausend Berichten, dass sich eine durchdachte und vorbereitete Medienpräsenz seitens Bernhards nicht ausmachen lässt, denn er konnte „weder über den Anlaß noch über den Erscheinungszeitpunkt seiner skandalträchtigen Äußerungen frei verfügen."[183] Der Kritiker Marcel Reich-Ranicki[184] betont die Fragmenthaftigkeit von Bernhards Texten, indem er zugleich jede ihnen zugesprochene Absicht und die These von der Existenz eines Programms des Autors ablehnt, denn wie bereits erwähnt: „Bernhard wollte nichts verändern, er gehörte nicht zu den Aufklärern, er war kein Weltverbesserer."[185] Zugleich unterstreicht er die gegenseitige Abhängigkeit des Autors von seiner Heimat, die sich bis zu einem sadistisch-masochistischen Verhältnis steigerte.
Unter den Kritikern gab es die Meinung von Franz Schuh, „Bernhard schreib[e] nicht für das Kleinkapital, sondern für [...] Gymnasiasten und Germanisten. Seine leidenschaftlichen Leser [seien] wahrscheinlich eine gewisse Art von Mittelschülern, denen das Interesse für die letzten Dinge beigebracht wurde, damit sie sich um die nächsten nicht mehr kümmern."[186] Dass diese These keine Bestätigung fand, kann sehr einfach durch die Betrachtung der Bernhard-Rezeption und des Erfolges seiner Werke im Ausland gezeigt werden. Schließlich war es die Universalität der Zeit- und Gesellschaftskritik, die ihm ein breites Publikum unter anderen in Deutschland, Italien, Spanien und Frankreich verschaffte.[187] „Ein spanischer Kritiker titelt[e] bei Bernhards Tod, dass der wichtigste Schriftsteller des spanischen Realismus gestorben sei."[188]

---

182 Vgl. Renate Hörlezeder/Fritz Mühlbek/Andreas Nowak: Die Erregungskurven. Eine empirische Untersuchung zur Resonanz Bernhards deutschsprachigen Printmedien 1963 bis 1992. In: Wolfram Bayer (Hrsg.): *Kontinent Bernhard. Zur Thomas Bernhard-Rezeption in Europa*. Wien u.a.: Böhlau Verlag 1995, S. 229-238.

183 Ebenda, S. 231.

184 Marcel Reich-Ranicki: *Thomas Bernhard. Aufsätze und Reden*. Zürich: Amman Verlag 1990, S. 90.

185 Vgl. Marcel Reich-Ranicki: *Thomas Bernhard. Aufsätze und Reden*. Zürich: Amman Verlag 1990., 90-91.

186 Zitat nach: Wendelin Schmidt-Dengler: *Bernhard-Scheltreden. Um- und Abwege der Bernhard-Rezeption*. In: Alfred Pittertschatscher u.a. (Hrsg.): Literarisches Kolloquium Linz 1984: Thomas Bernhard. Materialien. Linz: Donau Verlag 1985, S.109.

187 Vgl. Joachim Hoell: *Thomas Bernhard*. München: Deutscher Taschenbuch Verlag 2000, S. 79.

188 Ebenda, S. 79.

6. Die Entwicklung der politischen Position Elfriede Jelineks.

Im Gegensatz zu Thomas Bernhard, der sich, wie bereits ausgeführt, als apolitischer Autor bezeichnete, identifizierte sich Elfriede Jelinek immer sehr stark mit einer konkreten politischen Richtung. Ihrer kommunistischen Haltung gab sie nicht nur im Beitritt zur Kommunistischen Partei Österreichs Ausdruck, sondern auch in verschiedenen Aktionen und in vielen Prosatexten.

Jelinek ist eine Autorin, die einerseits eine deutliche Abgrenzung zwischen Kunst und Leben macht, andererseits jedoch in den gegebenen Interviews immer wieder auf die familiären Umstände verweist, die ihre Kunst und ihre politische Haltung beeinflussen.[189]

„She is probably one of the contemporary German-speaking authors who are most often interviewed and whose Weltanschauung and personal characteristics are most marketable in terms of public curiosity."[190]

6.1. Biografischer Umriss.

In dieser Darstellung wird der Versuch unternommen, diejenigen Ereignisse herauszufiltern, die für die Kristallisierung der politischen Stellung der Autorin von Bedeutung sein könnten. Auf eine detaillierte Biografie wird hier verzichtet. Wie schon in der Biografie von Thomas Bernhard beobachtet werden konnte, der sich immer wieder auf die familiären Umstände und seine Vereinsamung in den Kindheitsjahren bezieht, die seine spätere Position als Privatperson und Schriftsteller beeinflussten, so weist auch Elfriede Jelinek in Interviews wiederholt auf ihre besonderen Familienumstände hin.[191]

Politisches Engagement ihres tschechisch-jüdischen Großvaters Wilhelm Jelinek wird durch ein Parteibuch mit der Ausstellungsnummer 6 veranschaulicht und ist daher laut einer Familienlegende mit der Begründung der Sozialdemokratischen Partei Österreichs in Verbindung zu bringen.[192]

Spanlang[193] weist auf das großbürgerliche Erbe mütterlicherseits hin, das der sozialdemokratischen Tradition der Vorfahren des Vaters entgegenzusetzen ist. Sie unterstreicht die Problematik des Verhältnisses dieser zwei Wiener Familien,

189 Vgl. Elisabeth Spanlang: „Ein Stringberg-Stück ist eine Operette dagegen." Anmerkungen zu einer ungewöhnlichen Biographie. In: Kurt Bartsch/Günther A. Höfler (Hrsg.): *Elfriede Jelinek.* Band 2, Graz-Wien: Literaturverlag Droschl 1991, S. 247-258, hier S. 247.

190 Allyson Fiddler: *Rewriting reality. An introduction to Elfriede Jelinek.* Oxford/Providence, USA: Berg Verlag 1994, S. 1.

191 Vgl. Spanlang, a.a.O., S. 247.

192 Vgl. Ebenda, S. 248.

193 Vgl. Ebenda.

die durch die Heirat Olga Buchners und Friedrich Jelineks 1927 vereint wurden. Sie verweist dabei auf die sozialen Umstände des Vaters, eines Chemikers, der nach dem Anschluss Österreichs an das Nazideutschland 1938, aufgrund seiner Herkunft, die Arbeitsstelle bei der Gemeinde Wien verlor und diese erst nach 1945 wieder aufnehmen konnte, während er in der Kriegszeit in der Rüstungsindustrie beschäftigt war. Seine fachmännische Ausbildung verschonte Friedrich Jelinek vor der Verfolgung wegen seiner jüdischen Herkunft. Mehrere Jahre lang lieferte Olga Jelinek, vom Hause Buchner, allein den Unterhalt für die Familie, als ihr Mann arbeitslos wurde. Erst als sie 1946 schwanger wurde, kündigte sie und brachte ihre Tochter Elfriede am 20.10.1946 in Mürzzuschlag zur Welt.[194]

6.1.1. Kindheit und Familienverhältnisse.

Elfriede Jelinek befand sich in ihrer frühen Kindheit hauptsächlich unter der Obhut der Mutter. Die Familie wohnte im achten Wiener Gemeindebezirk, in der Laudongasse, die Jelinek als Spielort ihrer späteren Werke wiederholt erwähnte. Die Mutter versuchte in Elfriede Jelinek das Gefühl der Besonderheit zu stärken und in ihr Zielstrebigkeit zu wecken, während die Figur des Vaters in Jelineks Erinnerungen als kraft- und ziellos verankert blieb. Stähli zitiert die Aussage Jelineks über die Kindheitserinnerungen wie folgt: „Diese entsetzliche Kindheit hat offenbar so viel Hass in mir aufgespeichert, dass mich das wie ein Raketenstoß mein Leben lang durch die Literatur schleudert.“[195]

Der Grund für die negativen Erinnerungen Jelineks an ihre Kindheit liegt laut Stähli[196] in der strengen Erziehung seitens der Mutter und der emotionalen Abwesenheit des Vaters, der in den fünfziger Jahren an einer schweren psychischen Schwäche erkrankte. Auf die Krankheit des Vaters reagierte Jelinek aufgrund der großen Belastung mit Aggressivität und Ablehnung. Mit dieser Prägung setzte sie sich 1978 in *Erschwerende Umstände oder Kindlicher Bericht über einen Verwandten* auseinander.

---

194 Vgl. Regula Stähli: Chronik von Leben und Werk, in: *DU. Die Literaturzeitschrift der Kultur. Elfriede Jelinek. Schreiben. Fremd bleiben.* Nr. 700, Zürich: Tagesanzeiger TA-Media AG Oktober 1999, S. 52-57, hier S. 52.

195 Ebenda..

196 Vgl.Ebenda.

6.1.2. Ausbildung und Jugendjahre.

Seit ihrem vierten Lebensjahr lernte Elfriede Jelinek Französisch und bekam Ballettunterricht, um schließlich mit vierzehn Jahren am Wiener Konservatorium Klavier, Orgel und Blockflöte zu belegen.
Nach dem Besuch der katholischen französischen Volksschule, schloss sie ihre Schullaufbahn mit der Maturaprüfung im Albertgymnasium ab.[197]
Bereits sehr früh entdeckte sie die Möglichkeit der Steuerung der Selbstdarstellung. Zuerst demonstrierte sie dies durch starkes Make-up und auffällige Kleidung, bis sie sich nach erneuten psychischen Problemen aufgrund des Leistungsdruckes seitens der Mutter, der literarischen Arbeit widmete. Diese psychischen Schwächen lähmten die junge Elfriede Jelinek dermaßen, dass sie sich aufgrund von hysterischen Anfällen, klaustrophobischen Angstzuständen und völliger Apathie nach Abschluss des Gymnasiums, schließlich zur Gänze aus dem gesellschaftlichen Leben zurückzog und keinerlei Kontakte zu Gleichaltrigen hatte.[198]
Als sich Jelinek zum Studium der Theaterwissenschaften entschloss, wurde sie zu den Vorlesungen von ihrer Mutter begleitet, denn alleine traute sie sich nicht auf die Straße. Trotz ärztlicher Hilfe verschlechterte sich ihr Zustand grundsätzlich und mündete im Abbruch des Studiums 1967 und völliger Isolation, die eine erneute psychiatrische Behandlung zur Folge hatte. Die ersten ernsthaften literarischen Arbeiten der Autorin platziert Spanlang[199] in genau diese Zeit als sie die Veröffentlichung des Gedichtbandes *Lisas Schatten* im selben Jahr erwähnt.
Erst nach dem Tod des Vaters erholte sich Elfriede Jelinek eindeutig und begann sich von der strengen und in ihrem Leben sehr dominanten Mutter loszulösen. Gerade die von der Mutter tabuisierte Sexualität wurde zu einem intensiv thematisierten Aspekt Jelineks lyrischer Produktion.[200]

6.2. Literarischer Werdegang.

In den späten 60er[201] Jahren begann bei Elfriede Jelinek eine intensive Phase der Arbeit an Prosatexten. Sie debütierte mit dem Pop-Art-Roman *wir sind lockvögel baby!*, der 1970 im Rowohlt Verlag erschien.[202] Jedoch erst in den 80er Jahren wurde ihr erstes längeres Prosawerk publiziert.

---

197 Vgl. Elisabeth Spanlang: „Ein Stringberg-Stück ist eine Operette dagegen." Anmerkungen zu einer ungewöhnlichen Biographie. In: Kurt Bartsch/Günther A. Höfler (Hrsg.): *Elfriede Jelinek*. Band 2, Graz-Wien: Literaturverlag Droschl 1991, S. 247-258, hier S. 250-251.
198 Vgl. Ebenda, S. 252-253.
199 Vgl. Ebenda, S. 252-253.
200 Vgl. Ebenda, S. 253.
201 Vgl. Ebenda, S. 254.
202 Vgl. http://www.nobelpreis.org/Literatur/jelinek.htm [5.11.2007]

Seitdem sie 1969 den Lyrikpreis der Österreichischen Hochschülerschaft und den Lyrik- und Prosapreis der österreichischen Kulturwoche gewann[203], konzentrierte sie sich ausschließlich auf literarische Produktion. Sie begann exzessiv Kriminalromane zu lesen und alle Zeitungen, Zeitschriften, Comics und andere Formen der Trivialliteratur zu lesen, die sie vorgefunden hatte. Sie rezensierte die gelesenen Texte monatlich in der Zeitschrift *Extrablatt* und verwertete die Inhalte von Fernsehserien und wahllos konsumierten TV-Programmen 1972 in *Michael. Ein Jugendbuch für die Infantilgesellschaft*[204] mit intertextuellen Bezügen zu Goebbels' faschistischen Entwicklungsroman *Michael. Ein deutsches Schicksal in Tagebuchblättern.* Im selben Jahr erhielt sie das Österreichische Staatsstipendium für Literatur.[205]

In diese Zeit fiel auch Jelineks erste intensive Auseinandersetzung mit theoretischen Grundlagen der Literaturwissenschaft. Spanlang[206] erwähnt die Widerspiegelung von Roland Barthes' *Mythen des Alltags*, und vor allem die Betrachtung des Mythos als entpolitisierte Aussage[207] in Jelineks literarischem Werk, als direkten Einfluss des theoretischen Umgangs mit trivialen Formen. Dabei kommen die Verstrickungen zwischen Trivialmythen und Faschismus in Jelineks Essay *Die endlose Unschuldigkeit* zur Sprache: „mütos und masse gehören zusammen oder besser: durch die gemeinschaftsbildende kraft des mütos wird masse gemacht."[208]

Seit ihrer Heirat mit dem aus dem Umkreis Rainer Werner Fassbinders stammenden Gottfried Hüngsberg im Jahr 1974, der damals für den Filmemacher Musik schrieb, lebt sie abwechselnd in Wien bei ihrer Mutter und in München bei ihrem Mann. Ihren Lebensrhythmus stimmte sie gänzlich auf die literarische Produktion ab und bewegte sich frei in allen existierenden Textsorten, sodass im Laufe der Jahre ein beachtliches Œuvre entstehen konnte.[209] Dabei betonte sie, dass sie „nicht einfach neue Inhalte in alte Schläuche [...] füllen [wollte, sondern] eine den fortschrittlichen Inhalten adäquate ästhetische Form zu finden versuchte. Sprache soll nicht nur als Vehikel politischer Inhalte dienen, sondern sich selbst mit den Inhalten verändern."[210] Corina Caduff sieht im dramatischen

---

203 Vgl. Allyson Fiddler: *Rewriting reality. An introduction to Elfriede Jelinek.* Oxford/Providence, USA: Berg Verlag 1994, S. 5.

204 Vgl. Elisabeth Spanlang: „Ein Stringberg-Stück ist eine Operette dagegen." Anmerkungen zu einer ungewöhnlichen Biographie. In: Kurt Bartsch/Günther A. Höfler (Hrsg.): *Elfriede Jelinek.* Band 2, Graz-Wien: Literaturverlag Droschl 1991, S. 247-258, hier S. 255.

205 Vgl Regula Stähli: Chronik von Leben und Werk, in: *DU. Die Literaturzeitschrift der Kultur. Elfriede Jelinek. Schreiben. Fremd bleiben.* Nr. 700, Zürich: Tagesanzeiger TA-Media AG Oktober 1999, S. 52-57, hier S. 53.

206 Vgl. Spanlang, a.a.O., S. 255.

207 Vgl. Stähli, a.a.O., S. 53.

208 Elfriede Jelinek: *Die endlose Unschuldigkeit.* Prosa, Hörspiel, Essay. Schwifting: Schwiftinger Galerie-Verlag 1980, S. 50.

209 Vgl. Spanlang, a.a.O., S. 256.

210 Elfriede Jelinek: o.T. Bio-Technik, Wien (Mai 1983).

Werk Jelineks eine stete Auflösung und Neukonstituierung der Figuren.[211] „Die Figuren sind das, was sie aussprechen. Ihre Post-Ich- und Vor-Ich-Existenz konstituiert sich während deren Abwesenheit auf. [...] Jelinek setzt mit ihren Dramen nicht Rollen, sondern Sprachflächen gegeneinander."[212] Dies ist eine große Herausforderung, die die Autorin an die Schauspieler stellt, denn „[w]enn der Schauspieler in seiner dreidimensionalen körperlichen Anwesenheit die Jelinekschen Sprachkörper wiedergibt, dann präsentiert er als ganzheitlicher Menschenkörper das heterogenisierte Textmaterial".[213] Deshalb muss in der Bühnendarstellung der Texte Jelineks die Konvention von Signifikat und Signifikant aufgebrochen werden, es ist nötig dem Text neu kreierte Signifikanten zuzuordnen, der „Schauspielkörper"[214] wird zum zentralen und sichtbaren Spracherzeuger. Durch die Aufhebung der Schauspieler als Medium zwischen Autor und Publikum wird die Ersetzung desselben notwendig, die die entstandene Lücke füllen würde. Jelinek sieht die Möglichkeit einer Ersetzung durch die Verwendung von Filmmaterial und die Wiederholung der künstlerischen Darbietung.[215] Caduff sieht die „dramatische Grösse"[216] Jelineks in dieser „konsequenten Präsentation eines Theaterneuentwurfs"[217].

6.3. Politische Orientierung und Gesellschaftskritik.

Als Elfriede Jelineks psychische Verfassung sich in den späten 60er Jahren besserte, engagierte sie sich für die linke Studentenbewegung. Sie nahm an zahlreichen literarischen und politischen Ereignissen Teil und lebte auch eine Zeitlang in einer Wohngemeinschaft mit dem Maler und Philosophen Leander Kaiser und dem Schriftsteller Robert Schindel. Beide haben sich an der Studentenbewegung von 1968 aktiv beteiligt. Robert Schindel gründete im Geiste der Berliner Achtundsechziger-Bewegung die „Kommune Wien", deren Ziel es war, die gesellschaftlichen Reformen zu fördern.[218] Leander Kaiser wurde 1969 nach

---

211 Corina Caduff: *Ich gedeihe inmitten von Seuchen. Elfriede Jelinek- Theatertexte.* Bern-Wien u.a.: Peter Lang Verlag 1991, S. 255.

212 Corina Caduff: *Ich gedeihe inmitten von Seuchen. Elfriede Jelinek- Theatertexte.* Bern-Wien u.a.: Peter Lang Verlag 1991, S. 256.

213 Corina Caduff: *Ich gedeihe inmitten von Seuchen. Elfriede Jelinek- Theatertexte.* Bern-Wien u.a.: Peter Lang Verlag 1991, S. 256.

214 Ebenda, S. 257.

215 Vgl. Ebenda, S. 257-258.

216 Caduff, a.a.O., S. 273.

217 Ebenda.

218 Vgl. das Interview mit Robert Schindel. URL: http://www.litges.at/litges2/index.php?option=com_content&task=view&id=131&Itemid=9 [6.11.2007]

der Publikation seines Artikels „Die Kirche und die Sexualität" zu drei Monaten Haft verurteilt.[219]
Durch das steigende Engagement an den aktuellen politischen Ereignissen, verfasste Elfriede Jelinek zunehmend Texte politischen Inhalts. Stähli[220] berichtet in Anlehnung an die Stellungnahme Jelineks gegen die These des Schriftstellers Peter Handke und des Herausgebers Alfred Kolleritsch zur gesellschaftsverändernden Rolle der Kunst, dass Jelinek 1969 bei der literarischen Arbeit blieb und zwar die Erneuerung innerhalb der Kunst befürwortete, aber die revolutionäre Funktion der Kunst im politischen Kampf als unfruchtbar ablehnte: „Du wirst zur Kenntnis nehmen müssen, dass durch Kunst NICHTS verändert werden kann, weder das Bewusstsein noch sonst was"[221]; jedoch zitiert Stähli eine spätere Aussage Jelineks, in der sich die Autorin selbst von dieser Debatte distanzierte: „Ohne mein politisches Engagement wäre nichts von meiner Literatur möglich." Als mögliche Ursache für die damalige Resignation in Anbetracht der revolutionären Macht der Kunst erwähnt Spanlang[222] die Festnahme eines Genossen Elfriede Jelineks, Michael Genner, der an ihrer Stelle für die Erscheinung eines zu bewaffneter Revolte während einer Jugendmesse aufrufenden Flugblattes zur Verantwortung gezogen wurde. Janke[223] präsentiert Jelineks Nachruf an den Komponisten Wilhelm Zobl, in dem sich die Autorin an die Pläne des nie realisierten multimedialen politischen Aktionsstückes „rotwäsche" erinnert, das sich, laut ihr, in seiner äußerst politischen Zielsetzung von dem des *Wiener Aktionismus*[224] der 60er und frühen 70er Jahre unterscheiden sollte. Die Autorin stellte in dem Text „bisher öde kunst gemacht zu haben" 1970 eine neue Herausforderung an ihre literarische Arbeit:

> (...) meine literatur wird nicht mehr für literaten und künstler gemacht werden können. meine literatur wird heiss werden müssen wie eine explosion wie in einem rauchpilz wird das sein. (...) ich als literaturproduzent habe die KOMMUNIKATION mit jenen gruppen zu fördern zu denen ich selbst gehöre (vordringlich gehöre) & die von ihrer position aus die revolutionäre veränderung der grundlagen dieser gesellschaft vorbereiten

---

219 Vgl. Pia Janke (Hrsg.): *Die Nestbeschmutzerin. Jelinek & Österreich.* Salzburg-Wien: Jung und Jung Verlag 2002, S.12.

220 Vgl. Regula Stähli: Chronik von Leben und Werk, in: *DU. Die Literaturzeitschrift der Kultur. Elfriede Jelinek. Schreiben. Fremd bleiben.* Nr. 700, Zürich: Tagesanzeiger TA-Media AG Oktober 1999, S. 52-57, hier S. 53.

221 Regula Stähli: Chronik von Leben und Werk, in: *DU. Die Literaturzeitschrift der Kultur. Elfriede Jelinek. Schreiben. Fremd bleiben.* Nr. 700, Zürich: Tagesanzeiger TA-Media AG Oktober 1999, S. 52-57, hier S. 53.

222 Vgl. Elisabeth Spanlang: „Ein Stringberg-Stück ist eine Operette dagegen." Anmerkungen zu einer ungewöhnlichen Biographie. In: Kurt Bartsch/Günther A. Höfler (Hrsg.): *Elfriede Jelinek.* Band 2, Graz-Wien: Literaturverlag Droschl 1991, S. 247-258, hier S. 254

223 Vgl. Janke, a.a.O., S.12.

224 URL: http://www.mumok.at/sammlung/die-sammlung/wiener-aktionismus/ [6.11.2007]

können: zum beispiel für studenten und intellektuelle kampfmaterial hervorbringen. ich als kunstproduzent muss die wirkung eines kampfgases besitzen.[225]

Als Jelinek nach einem zeitweiligen Aufenthalt in Deutschland und Italien mit dem Schriftsteller Gerhard Loschütz[226], der damals das Villa Massimo Stipendium bekam, wieder nach Wien zurückkehrt, entschied sie sich, die bisherigen Erfahrungen in einer aktiven Basisarbeit im Sinne des Kommunismus einzusetzen und trat 1974 der Kommunistischen Partei Österreichs, KPÖ, bei und war bis 1991 Mitglied. Die kommunistische Ideologie blieb jedoch auch später noch im Leben Elfriede Jelineks präsent. In den 70er Jahren beteiligte sie sich vor allem an den Parteiveranstaltungen und lieferte Texte für das Kulturpolitische Forum der KPÖ. Wiederholt las sie bei Veranstaltungen aus ihren Werken, unter anderen beim Volksstimme-Fest, das sie als „wichtige Demonstration der Einheit der linken Intelligenz in Österreich“[227] bezeichnete, und im KPÖ Kulturzentrum *Rotpunkt*.[228] Jelinek selbst kommentierte 1987 in einem Interview mit Kai Ehlers ihren Parteibeitritt und ihr Engagement in der KPÖ folgendermaßen: „Es ging einfach darum, diese Existenz einer freischwebenden Linken, die so für sich entscheidet, zu welchen Dingen sie sich politisch äußern will, zu welchen nicht, sozusagen auf sehr elitäre Weise die Strategie zurechtlegt, aufzuheben“[229]. Zugleich kritisiert sie aber durchaus auch den instrumentellen Umgang mit Kultur und die Minderwertung von Literatur innerhalb der KPÖ. Im *Falter* schrieb sie 1998, dass „Leute wie [sie] [...] nichts als nützliche Idioten gewesen sind, um Sympathisanten für die Wahlen zu werben“[230].
Bereits 1975 begann mit dem Roman *Die Liebhaberinnen*, einer Parodie des trivialen Liebesromans, eine zugespitzte Gesellschaftskritik im Werk Elfriede Jelineks. Diese Veränderung der Schreibweise trifft „[i]n pseudonaivem Ton und mit einem gnadenlosen Blick“[231] in das patriarchalisch geprägte und kapitalistisch orientierte Gesellschaftssystem.[232] Auf den Vorwurf, der Jelinek seit diesem Zeitpunkt wegen ihrer scharfen Kritik gemacht wurde, reagierte Sigrid

---

225 Elfriede Jelinek: *bisher öder kunst gemacht zu haben*, in: Renate Matthaei (Hrsg.): Grenzverschiebung. Neue Tendenzen in der deutschen Literatur der 60er Jahre, Köl-Berlin: Kiepenheuer & Witsch Verlag, 1970, S. 215.

226 Vgl. URL: http://www.schillerstiftung.de/v1/ehrengaben/unterseiten/loschuetz.php [7.11.2007]

227 Vgl. Pia Janke (Hrsg.): *Die Nestbeschmutzerin. Jelinek & Österreich*. Salzburg-Wien: Jung und Jung Verlag 2002, S.23.

228 Vgl. Ebenda, S.20.

229 Elfriede Jelinek im Gespräch mit Kai Ehlers. In: Über höhere Kulturstufen – Gespräch mit Böll-Preisträgerin Elfriede Jelinek, Teil 2. In: *Arbeiterkampf.* Wien (9.2.1987).

230 Elfriede Jelinek: Wir waren nützliche Idioten. In: *Falter,* Nr. 42, Wien (1998).

231 Regula Stähli: Chronik von Leben und Werk, in: *DU. Die Literaturzeitschrift der Kultur. Elfriede Jelinek. Schreiben. Fremd bleiben.* Nr. 700, Zürich: Tagesanzeiger TA-Media AG Oktober 1999, S. 52-57, hier S. 54.

232 Vgl. Ebenda, S. 53-54.

Löffler 1983: „Man hält sie für unmenschlich, lieblos und zynisch, weil sie Unmenschlichkeit und Lieblosigkeit so zynisch beschreiben kann."[233]
Fiddler deutet auf die pessimistische Darstellung der gesellschaftlichen Verhältnisse in Jelineks Texten, über die die Autorin selbst sagte: „Obschon ich Marxist bin, bringe ich leider diesen revolutionären Optimismus nicht auf. Ich glaube nicht an die geschichtsbildende Kraft der Arbeiterklasse. [...] Meine Literatur ist wahrscheinlich zu pessimistisch und zu dekadent."[234] Sie deutet diesen Pessimismus Jelineks als Teil der literarischen Ästhetik der Autorin und erwähnt in Bezug darauf die Behauptung Jelineks, jegliche Versuche, von diesem ästhetischen Konzept abzuweichen, hätte sie zur Produktion qualitativ schlechter Literatur geführt.[235] Ebenso wenig lässt sich bei der Autorin die Tendenz zum Realismus beobachten. Sie bevorzugte den Ausdruck der marxistischen Ideologie mit neuen ästhetischen Methoden, statt mit sozialistischem Realismus. Diesbezüglich folgte sie den theoretischen Grundlagen Brechts, der die Notwendigkeit größerer Aktivität seitens der Künstler auf gesellschaftliche Veränderungen, schrieb: „Reality changes; in order to represent it, modes of representation must also change."[236] Ähnlich wie Bernhard, versuchte Jelinek keine Veränderungen der Gesellschaft mit ihren Texten zu bewirken, jedoch sehr wohl intendierte sie mit den von ihr präsentierten Negativbildern, in der Tradition Brechts, eine Reflexion der eigenen politischen Einstellung hervorzurufen.[237]
Trotz dieser Absicht können in Jelineks Texten keine zentralen Interpretationsansätze festgehalten werden. Im Gegenteil, entwickelt die Autorin eine dezentrierte Textstruktur, die eine Vielzahl von Interpretationen zulässt.[238]

6.4. Elfriede Jelinek als „Nestbeschmutzerin".

Die Rezeption des Werkes Elfriede Jelineks splittert sich bereits seit den Anfängen ihrer schriftstellerischen Tätigkeit in zwei Pole auf. Es gibt Kritiker und Leser, die Jelinek äußerst schätzen und Andere, die sie, trotz Anerkennung des sprachlichen Niveaus ihrer Texte, für ihre angebliche Respektlosigkeit gegenüber vieler, in der Öffentlichkeit stehenden, Personen und zahlreichen Institutio-

233 Zitat nach: Ebenda, S. 54.

234 Allyson Fiddler: *Rewriting reality. An introduction to Elfriede Jelinek.* Oxford/Providence, USA: Berg Verlag 1994, S. 29.

235 Vgl. Ebenda.

236 Zitat nach: Allyson Fiddler: *Rewriting reality. An introduction to Elfriede Jelinek.* Oxford/Providence, USA: Berg Verlag 1994, S. 33.

237 Vgl. Ebenda, S. 33-34.

238 Vgl. Dagmar von Hoff: Stücke für das Theater. Überlegungen zu Elfriede Jelineks Methode der Destruktion. In: Gürtler, Christa: *Gegen den schönen Schein. Texte zu Elfriede Jelinek.* 2. Auflage, Frankfurt: Verlag Neue Kritik 2005, S.112-114.

nen, verdammen. Jelinek selbst soll diese Polarisierung der Reaktionen für besser als Gleichgültigkeit gegenüber ihrem Werk gehalten haben.[239]
Der Vorwurf der Nestbeschmutzung traf Jelinek in der Öffentlichkeit bereits 1982, nach der Aufführung des Stückes *Burgtheater. Posse mit Gesang* in Deutschland. Die offensive Reaktion auf das Stück in Österreich machte seine Aufführung in der Heimat der Schriftstellerin unmöglich und somit wurde über ein Theaterstück diskutiert, das das österreichische Publikum nicht gesehen hatte.[240]
Fiddler[241] spricht von dem Begriff des „Österreichschänders" der von vielen Journalisten und Leserbriefautoren auf Jelinek angewandt wurde, von denen mehrere zugaben, Jelineks Texte nie gelesen zu haben. Sie erwähnt die Einordnung der Autorin in die politisch- und gesellschafts-kritische Schule der modernen österreichischen Kunst in der „Nestbeschmutzertradition" und verweist dabei auch auf die Erwähnung Elfriede Jelineks in der 1986 von Ingrid Seibert herausgegebenen Anthologie, *Die Schwierigen. Porträts zur österreichischen Gegenwartskunst.* Die Gegenstimme Jelineks in diesem Zusammenhang präsentierend, zitiert sie ihre Aussage, in der die Autorin die Satire als Reaktion gegenüber verfälschter Ideologie erwähnt:

> Da gab's eben auch wirklich Kritiker, und zwar nicht unbekannte und dumme Leute, die die Ironie nicht begriffen haben.....Die Leute verwechseln das immer: Ich mach' mich ja nicht über Leute lustig, über ihre schrecklichen Lebensumstände, unter denen sie zu leben gezwungen sind, sondern über falsche Ideologie, die sie letzten Endes selbst schuldlos immer wieder vorgesetzt kriegen und der sie dann völlig verfallen.[242]

Laut Burger[243] zeigt sich Jelinek den Menschen „zugleich als Opfer und als Exekutor gesellschaftlicher Verhältnisse."[244] Er präsentiert die Protagonisten der jelinekschen Texte, das österreichische Kleinbürgertum, als die soziale Klasse, „die wie überall, aus ihrer Not eine Tugend macht und noch aus ihrer Unterdrückung Lust gewinnt, zu deren spezifisch nationaler Eigentümlichkeit jedoch ein ungebrochener, brutal-gemütvoller Alltagsfaschismus gehört".[245] Resümierend deutet er die Texte Jelineks als mikrosoziologische Studien menschlicher Zerstörung. Diesbezüglich verweist er auf die bei Flaubert beginnende Tradition der

239 Vgl. Fiddler, a.a.O., S. 26-27.
240 Vgl. Regula Stähli: Chronik von Leben und Werk, in: *DU. Die Literaturzeitschrift der Kultur. Elfriede Jelinek. Schreiben. Fremd bleiben.* Nr. 700, Zürich: Tagesanzeiger TA-Media AG Oktober 1999, S. 52-57, hier S. 55.
241 Vgl. Fiddler, a.a.O., S. 27-28.
242 Zitat nach: Allyson Fiddler: *Rewriting reality. An introduction to Elfriede Jelinek.* Oxford/Providence, USA: Berg Verlag 1994, S. 28.
243 Vgl. Rudolf Burger: Der böse Blick der Elfriede Jelinek. In: Christa Gürtler: *Gegen den schönen Schein. Texte zu Elfriede Jelinek.* 2. Auflage, Frankfurt: Verlag Neue Kritik 2005, S. 20-21
244 Ebenda, S. 21.
245 Burger, a.a.O., S.22.

literarischen Moderne. Er sieht das politische Engagement der Autorin als Grund für ihre literarische Tätigkeit, ohne jegliche agitatorischen Motive.
Hoff ordnet den destruktiven und dezentrierenden Schreibstil Jelineks in die postdramatische Schule ein, indem sie die fehlenden szenischen Anweisungen, die fehlenden Inszenierungen einer Wirklichkeit und oftmals das Fehlen von Handlungen in den Texten der Autorin aufzeigt.[246]
Fiddler zitiert Jelineks Aussage über die eigene Schreibweise beim *Münchner Literaturarbeitskreis*, in der sie sich selbst eher mit der deutschen Literaturtradition identifiziert, die satirische Literatur ausgenommen, denn „die Satire war nie eine Sache der Deutschen, ... das waren fast alles Juden oder Österreicher, Karl Kraus oder Tucholsky oder wer auch immer."[247]
Über die schwierige Rezeption der Kunst Jelineks äußerte sich Rabinovici, von einer klaren Konsequenz der Rebellion gegen die in Österreich herrschenden literarischen Kriterien „des Boulevards [sprechend]. Gegen sie wurde Stimmung gemacht, weil eine Politik, die zwischen Tracht und Niedertracht, zwischen Popanz und Populismus hin und her taumelt, nur von einer Kunst wissen will, die gefällt, indem sie gefällig ist".[248]
Kurt Dieman, Kolumnist der Zeitschrift *industrie,* ordnete Elfriede Jelinek „jenen" Schriftstellern zu, die „im Ausland eine beispiellose Verleumdungskampagne gegen ihre Heimat [betreiben], gegen das frei gewählte Staatsoberhaupt und das ganze österreichische Volk, indem sie mit ausgesuchter Bösartigkeit verbissen negative Charaktereigenschaften, die jeder Nation eigen sind, hervorkehren und in den Mittelpunkt ihrer Österreich-Darstellungen setzen"[249]. Dabei beklagte er das rege Echo, das die *Österreich-Beschimpfungen* Jelineks in der heimischen Presse fänden.[250] Jedoch nicht nur in der heimischen Presse: „Österreicher schreiben in Österreich gegen Österreich, und Geistesverwandte im Ausland stürzen sich auf ihr Geschriebenes wie Aasgeier, die außerdem noch Wiederkäuer sind."[251]
In Anbetracht der ambivalenten Rezeption Elfriede Jelineks in Österreich, ist die Aussage der Autorin in einem Gespräch mit Sigrid Löffler am 28. März 1989 für das Magazin *Profil* besonders illustrativ. Hier spricht die Autorin von der Empfindung, in ihrer Heimat nicht ernst genommen zu werden: „In Österreich sind die Reaktionen auf meine Arbeit entweder Verachtung, Auslöschung, oder Nicht-Wahrnehmung. [...] Der Thomas Bernhard wurde zwar angespuckt und

---

246 Vgl. Dagmar von Hoff: Stücke für das Theater. Überlegungen zu Elfriede Jelineks Methode der Destruktion. In: Gürtler, Christa: *Gegen den schönen Schein. Texte zu Elfriede Jelinek*. 2. Auflage, Frankfurt: Verlag Neue Kritik 2005, S.117-118.

247 Zitat nach, Burger, a.a.O., S.19.

248 Doron Rabinovici: Manifestation des Wortes. Eine gelungene Fehlbesetzung auf politischen Demonstrationen. In: Brigitte Laudes (Hrsg.): Stets das Ihre. Elfriede Jelinek, Theater der Zeit. Berlin, Arbeitsbuch 2006, S.82-83, hier S.82.

249 Kurt Dieman: Gott mit Dir, mein Österreich! In: *industrie*. Wien (11.03.1987).

250 Vgl. Ebenda.

251 Ebenda.

beschimpft, aber seine Stücke werden aufgeführt und [...] sehr ernst genommen."[252]

Von ihrem Verhältnis zur Literatur Thomas Bernhards sprach die Autorin in dem im Magazin *Profil* veröffentlichten Nachruf *Der Einzige und wir, sein Eigentum*[253] vom Februar 1989. Darin nahm sie Bezug auf den endlosen Redefluss in den Texten Bernhards und auf seine Rolle als „Mund Österreichs, der die Wahrheit sagt[e] über dieses Land, was von den Gesunden immer als ein Akt der absoluten Ungehörigkeit' empfunden worden ist."[254] Sie erwähnte seinen tiefen Glauben an die österreichische Gesellschaft, und verglich diesen Glauben, mit dem eines Kranken, der sich an den Gedanken der Genesung fesselt. Weiters sprach sie von dem verzweifelten Wunsch Bernhards, trotz tiefer Verachtung, zu der „guten Gesellschaft" gehören zu wollen. „Diese Söhne und Töchter der Provinz, unter der Peitsche römisch-katholischen Terrors und der Nazi-Stammtische, immer schon haben sie die komplizierten Rituale der herrschenden Klasse Wiens studiert: beim Knize und bei den Grabenjuwelieren einkaufen und auf dem Kohlmarkt spazieren gehen!"[255] Sie weist jedoch darauf hin, dass gerade diejenigen nie von der Gesellschaft akzeptiert werden. Jedoch gerade diesen „Kranken" beschrieb sie als „hellsichtig". Dieser Hellsichtige ist es, der alles tun würde, um „Die Wahrheit Z[!]u S[!]prechen."[256]

Ähnlich legt Elfriede Jelinek auch viel auf die Wahrheit in ihrer Dichtung. Rabinovici unterstreicht, dass es nicht darum geht, wie Elfriede Jelinek wirklich ist, sondern um „die Wahrhaftigkeit ihrer Kunst".[257] Er zeigt die Verunglimpfung Jelineks als Nestbeschmutzerin und Hexe auf, indem er eine Titelseite der *Steirerkrone* von 2004, in der es heißt „Nobelpreis für Obersteirerin!", zitiert und stellt die These auf, „Jelinek war längst zu einem Symbol für Literatur geworden, die nicht der allgemeinen Selbstbespiegelung jenseits von Reflexion dienen will, und eben weil sie sich dem Plakativen verweigerte, wurde auf Plakaten gegen sie gehetzt."[258] Er meint damit die 1995 in den Straßen Wiens affichierten Wahlplakate der FPÖ für die Wiener Gemeinderatswahlen von 1996, auf denen die Frage zu lesen war: „Lieben Sie Scholten, Jelinek, Häupl, Peymann, Pasterk ... oder Kunst und Kultur?"[259] In dem FPÖ-Folder für dieselben Wahlen heißt es

---

252 Elfriede Jelinek im Gespräch mit Kai Ehlers. In: Über höhere Kulturstufen – Gespräch mit Böll-Preisträgerin Elfriede Jelinek, Teil 2. In: *Arbeiterkampf.* Wien (9.2.1987).

253 Vgl. Elfriede Jelinek: Der Einzige und wir, sein Eigentum. In: *Profil*, Wien (20.2.1989).

254 Ebenda.

255 Elfriede Jelinek: Der Einzige und wir, sein Eigentum. In: *Profil*, Wien (20.2.1989)..

256 Ebenda.

257 Doron Rabinovici: Manifestation des Wortes. Eine gelungene Fehlbesetzung auf politischen Demonstrationen. In: Brigitte Laudes (Hrsg.): Stets das Ihre. Elfriede Jelinek, Theater der Zeit. Berlin, Arbeitsbuch 2006, S.82-83, hier S.82.

258 Ebenda, S. 83.

259 Pia Janke (Hrsg.): *Die Nestbeschmutzerin. Jelinek & Österreich.* Salzburg-Wien: Jung und Jung Verlag 2002, S. 88.

in einem der „Sparvorschläge“ – „Keine Subventionen für ‚Österreichbeschimpfer’ (z.B. Peymann, Roth, Turrini, Jelinek)…“[260]
Jörg Haider bezeichnete Elfriede Jelinek 1995 in einem Interview für das Magazin *Profil*, als eine zutiefst frustrierte, sich den Kummer vom Herzen schreibende Frau, mit der er sich nicht identifizieren könne, doch „wenn sie sich politisch einmischt und glaubt, daß sie nicht politisch gemessen werden darf, nur weil sie Künstlerin ist, dann hat sie sich getäuscht“.[261]

6.4.1. Der *Burgtheater* - Skandal.

Wie bereits erwähnt, festigte sich das Bild Elfriede Jelineks als „Nestbeschmutzerin“ mit dem Erscheinen des Theaterstückes *Burgtheater. Posse mit Gesang* im Jahr 1982. Das Werk wurde von Regisseur Horst Zankl 1985 in Bonn uraufgeführt. Für diese Satire entstellte Elfriede Jelinek den Wiener Dialekt und kreierte damit eine Art Kunstsprache, der sich die Protagonisten bedienen.
Gulielmetti[262] bezeichnet *Burgtheater* als Schlüsselstück und verweist auf die Bedeutung des Gebäudes des Bugtheaters, das, neben dem Stephansdom und der Staatsoper, als identitätsstiftender Baustein der österreichischen Nachkriegsgesellschaft gesehen wird.
Die im Text dargestellten Personen wurden von der Presse auf der Stelle als die Burgschauspieler Paula Wessely und ihr Ehemann Attila Hörbiger „identifiziert“. Diese Verbindung von Theater und Geschichte, von Annuß Verwechslung genannt, soll sich als Spiel mit der Fiktion manifestiert haben.[263]
Jelinek stellte das für den österreichischen Kunstbegriff und die nationale Identität so wichtige Burgtheater und seine Schauspieler vor den Spiegel der Gesellschaft, um, wie sie selbst behauptete, „mit den Mitteln der Sprache zu zeigen, wie wenig sich die Propagandasprache der Blut-und Boden-Mythologie in der Nazikunst vom Kitsch der Heimatfilmsprache in den fünfziger Jahren unterscheide […]“.[264]
Die drei Hauptpersonen, Käthe, ihr Ehemann Istvan und dessen Bruder, Schorsch erinnern „an die veröffentlichten Images der österreichischen Schau-

---

260 Ebenda.

261 Jörg Haider im Gespräch mit Rudolf Scholten: Sie leiden an Verfolgungswahn. Rudolf Scholten und Jörg Haider im Gespräch über Kunst und Kulturpolitik, Elfriede Jelinek und Claus Peymann . In: *Profil*, Wien (30.10.1995).

262 Vgl. Angela Gulielmetti: „Häuptling Abendwind“ und „Präsident Abendwind“. Nestroy und Jelinek. In: Internationale Nestroy Gesellschaft (Hrsg.): *Nestroyana: Blätter der Internationalen Nestroy-Gesellschaft.* Bd. 17, Wien: Lehner Verlag 1997, S. 39-49, hier S. 40.

263 Vgl. Evelyn Annuß: *Elfriede Jelinek- Theater des Nachlebens.* München: Wilhelm Fink Verlag 2005 S. 61.

264 Zitat nach: Regula Stähli: Chronik von Leben und Werk, in: *DU. Die Literaturzeitschrift der Kultur. Elfriede Jelinek. Schreiben. Fremd bleiben.* Nr. 700, Zürich: Tagesanzeiger TA-Media AG Oktober 1999, S. 52-57, hier S. 55.

spielerdynastie um Paula Wessely, ihren Mann Attila Hörbiger und dessen Bruder Paul."[265] Annuß[266] unterstreicht den Verweis des Textes auf die Geschichte der Familie während der Nazizeit und zu Kriegsende.
Der erste Teil von *Burgtheater,* der in das Jahr 1941 verlegt ist, zeigt den Lebensopportunismus und den Theateralltag einer Schauspielerfamilie und den darauf folgenden, bruchlosen Übergang zu einer anderen Ideologie in Angesicht des Einmarsches der Roten Armee. Sie unterstreicht jedoch, dass das Stück einzig und allein „Remakes" des Schauspieler-Clans Wessely-Hörbiger in den Raum stellt, die zwar einige charakteristische und vergleichbare Züge tragen, jedoch nicht mit diesen verwechselt werden dürfen.[267] Trotzdem kam es zu einer Identifikation der *Burgtheater*-Figuren mit den ihren Zügen zugeschriebenen Schauspielern.

> Vor dem Hintergrund der kulturnationalen Bestimmung österreichischer Identität nach 1945 und der damit verknüpften besonderen Rolle von Film- und Theaterschauspielern in der Zweiten Republik, [galten] die Burgtheater-Stars Wessely, Attila und Paul Hörbiger als Repräsentationsfiguren Österreichs. Daher [wurde] es als Angriff auf ein nationales Denkmal aufgefasst, dass Jelineks *Posse* ihre Schauspielerfiguren mit dem ‚braunen Nazispuk' kollaborieren lies.[268]

Nach der Entstehung des Stücks dauerte es zuerst drei Jahre, bis es überhaupt wahrgenommen wurde. 1982 gab es seitens der Verlage Probleme mit dem Abdruck, die zu seiner vollkommenen Nichtbeachtung durch die Theaterkritik führten. Über den Text selbst wurde geschwiegen, erst die Uraufführung in Bonn rief öffentliche Reaktionen hervor. Der auf die Aufführung 1985 folgende Skandal in Österreich und die Attacken der Presse, Jelinek „habe mit dem Stück Attila Hörbiger ‚ermordet'"[269], führen zu einer ersten öffentlichen „Auseinandersetzung [mit der] nationalsozialistische[n] Vergangenheit im österreichischen Kulturbetrieb."[270] Aufgrund dieser Auseinandersetzung wird der Name Elfriede Jelineks einem breiteren Publikum bekannt. Viele Tageszeitungen, vor allem die *Kronenzeitung,* steuern durch zahlreiche Artikel zu der Herauskristallisierung des Bildes von Elfriede Jelinek als „Unperson" der Kunst bei. [271]

---

265 Annuß, a.a.O., S. 60.
266 Vgl. Evelyn Annuß: *Elfriede Jelinek- Theater des Nachlebens*. München: Wilhelm Fink Verlag 2005, S. 60-65.
267 Ebenda, S. 64.
268 Ebenda, S. 61f.
269 Zitat nach: Regula Stähli: Chronik von Leben und Werk, in: *DU. Die Literaturzeitschrift der Kultur. Elfriede Jelinek. Schreiben. Fremd bleiben.* Nr. 700, Zürich: Tages-anzeiger TA-Media AG Oktober 1999, S. 52-57, hier S.55.
270 Annuß, a.a.O., 62.
271 Vgl. Ebenda.

6.4.2. Die Heinrich-Böll-Preis-Rede.

Am 2.12.1986 erhielt Elfriede Jelinek als erste weibliche Autorin[272] den Heinrich-Böll-Preis der Stadt Köln. Auf den Inhalt der bei der Übergabe gehaltenen Dankesrede mit dem Titel *In den Waldheimen und auf den Haidern*[273] reagierten österreichische Medien, wie bereits auf *Burgtheater,* mit einer öffentlichen Diskussion.

Mit dem Text „nützte [Jelinek] die Gelegenheit, um zur politischen Situation in Österreich Stellung zu nehmen. Seit *Burgtheater* wollte sie gehört werden […]. Die politische Öffentlichkeit war ihr neuer Spielraum geworden, die kindische Verweigerung eines Landes, Verantwortung zu übernehmen, wurde ihr Leitmotiv."[274] Laut Mayer und Koberg „machte [sie] darin die gemütliche Arroganz Österreichs zum Thema, sich vor allem wegzuducken und dafür auch noch geliebt werden zu wollen".[275]

Jelinek begann die Rede mit der Einführung: „Ich komme aus einem Land, von dem Sie sich sicher ein Bild gemacht haben, denn es ist bildschön, wie es so daliegt inmitten seiner eigenen Landschaft, die ihm ganz gehört."[276] Wie schon erwähnt, lässt sich, ähnlich wie bei Jelinek, auch bei Bernhard die Bewunderung der österreichischen Landschaft beobachten, die im Gegensatz zur äußerst scharfen Gesellschaftskritik steht.

Jelinek fuhr mit der Mitteilung fort, dass kritische Kunst in Österreich keine Unterstützung finden würde, mehr noch, kritische Künstler seien laut Jelinek zur Emigration gezwungen:

> Ich erwähne nur Rühm, Wiener, Brus, die in den sechziger Jahren das Land verlassen haben. Ich erwähne nicht Jura Soyfer, der im KZ ermordet worden ist, denn das ist zu lang vergangen und daher zu lang schon vergessen und, vor allem, vergeben, denn uns verzeiht man einfach alles. […] So hat sich kaum jemand ernsthaft bemüht einen Elias Canetti nach Österreich zurückzuholen, denn Juden haben wir zwar so gut wie keine mehr, aber immer noch zuviele.[277]

Darüber hinaus verwies sie darauf, dass „dem Thomas Bernhard […] der zuständige Minister (nicht der Gesundheitsminister) empfohlen [hatte], aus sich einen ‚Fall' für die Wissenschaft zu machen. Er hat nicht die Literaturwissenschaft gemeint."[278] Sie kritisierte die Stellung der Politiker gegenüber den

---

[272] Vgl. Verena Mayer/Roland Koberg: *Elfriede Jelinek. Ein Porträt.* 1. Auflage, Reinbek bei Hamburg: Rowohlt Verlag 2006, S.141.

[273] Vgl. Elfriede Jelinek: In den Waldheimen und auf den Haidern. In: Pia Janke (Hrsg.): *Die Nestbeschmutzerin. Jelinek & Österreich.* Salzburg-Wien: Jung und Jung Verlag 2002, S. 54-55.

[274] Mayer/Koberg, a.a.O., S. 141f.

[275] Verena Mayer/Roland Koberg: *Elfriede Jelinek. Ein Porträt.* 1. Auflage, Reinbek bei Hamburg: Rowohlt Verlag 2006, S. 142.

[276] Jelinek, *In den Waldheimen und auf den Haidern*, S. 54.

[277] Ebenda, S. 54-55.

[278] Ebenda.

Künstlern, indem sie die kritische Stellung der Künstler gegenüber den Ereignissen in Österreich als Opposition gegen den „schönen Schein“ befürwortete, denn „[i]n den Waldheimen und auf den Haidern dieses schönen Landes brennen die kleinen Lichter und geben einen schönen Schein ab, und der schönste Schein sind wir. Wir sind nichts, wir sind nur was wir scheinen: Land der Musik und der weißen Pferde.“[279] Jelinek stellte satirisch die Vorstellung des Landes dar, als die einer in schönem Licht gebadeten Landschaft und transformierte sie in die Vorstellung eines Landes, in dem alles nur Schein ist, in dem nichts wahr ist. Hier folgte sie der bereits erwähnten Ansicht Bernhards, dass es nur durch das Verfahren der Übertreibung möglich sei, die Welt so darzustellen, wie sie wirklich ist; denn auf diese Weise werde die Realität erst sichtbar.[280] Ebenso tritt sie diesbezüglich das Erbe von Johann Nepomuk Nestroy an, dessen Pessimismus bereits an Nihilismus grenzt: „Nichts ist das wahre, weil gar nichts wahr ist. Nihilismus.“[281]

Jelinek führte die Dankesrede mit einem Verweis auf die Rolle Österreichs im Zweiten Weltkrieg weiter: „Wir wollten doch nur ein bißchen[!] in deutschen Betten liegen, [...] [a]ber wir sind es nicht gewesen, und daher hat man uns – im Jahre 1955 [...] auch ordnungsgemäß befreit!“[282] In Bezug auf den Opfermythos Österreichs meinte sie: „Wir müssen uns nur im richtigen Moment klein machen, damit man uns nicht sieht, wie wir gerade unsere Weine pantschen“[283] und in Bezug auf die Präsidentenwahl Wahl Kurt Waldheims fügte sie hinzu: „wir müssen uns nur im richtigen Moment noch kleiner machen, damit man uns nicht sieht und auch unsere Vergangenheit nicht, wenn wir Bundespräsident, also das Höchste was es gibt, werden wollen.“[284]

Jelinek schloss ihre Rede mit einer ironischen Einladung an alle Zuhörer, sich einerseits die schöne Landschaft Österreichs anzusehen, andererseits die politischen und gesellschaftlichen Missstände dem eigenen Urteil zu unterziehen:

> „denn wir leben ja wirklich in einem schönen Land, man kann es sich anschauen gehen wann immer man will!
> Auch ich gehe jetzt dorthin zurück, vorher bedanke ich mich aber noch sehr herzlich für meinen Preis und gedenke liebevoll und traurig dessen, nach dem er benannt ist. Ich wollte, ich könnte ihn – Heinrich Böll – mitnehmen, er hätte bei uns viel zu tun.“[285]

---

279 Jelinek, *In den Waldheimen und auf den Haidern*, S. 54.

280 Vgl. auch: Oliver Bentz: *Thomas Bernhard- Dichtung als Skandal.* Würzburg: Verlag Königshausen & Neumann 2000, S. 46

281 Zitat nach: Angela Gulielmetti: „Häuptling Abendwind“ und „Präsident Abendwind“. Nestroy und Jelinek. In: Internationale Nestroy Gesellschaft (Hrsg.): *Nestroyana: Blätter der Internationalen Nestroy-Gesellschaft*. Bd. 17, Wien: Lehner Verlag 1997, S. 39-49, hier S. 40.

282 Jelinek, *In den Waldheimen und auf den Haidern,* S. 54.

283 Ebenda.

284 Ebd.

285 Ebenda, S. 55.

„Die Reaktionen [auf die Preis-Rede] waren im Ton noch untergriffiger als zu *Burgtheater*-Zeiten. Denn schlimmer, als Österreich schlecht zu machen, ist in Österreich nur: Österreich im Ausland schlecht zu machen, insbesondere bei den ‚Daitschen'."[286]
Die größten Boulevardzeitungen und –zeitschriften meldeten sich mit aus dem Zusammenhang gerissenen Fragmenten der Rede zu Wort, die von den Redakteuren kommentiert und interpretiert wurden. Wie bereits während der *Burgtheater-Affäre*, wurden zahlreiche Leserbriefe veröffentlicht.
Die *Neue Kronen Zeitung* reagierte bereits eine Woche nach der Preisverleihung mit einem Artikel, der den Vorwurf der *Nestbeschmutzung* gegenüber Elfriede Jelinek wieder aufnahm: „Die Österreichbeschimpfung [...] geht weiter. Nach Thomas Bernhard [...] hat jetzt Elfriede Jelinek [...] einige Aussagen über den moralischen und kulturellen Zustand Österreichs gemacht, die wie Salz in offene Wunden brennen."[287]
In einem Beitrag der *Frankfurter Allgemeinen Zeitung* vom 8.1.1987 wurden die Autoren Jelinek diffamierende Reaktionen äußerst kritisch kommentiert: „Künstler und Intellektuelle, die Kritik an den Zuständen im Lande, an der österreichischen Lebenslüge, üben, werden in die Kategorie der Nestbeschmutzer abgeschoben."[288]
Fiddler bezeichnet die Heinrich-Böll-Preis-Rede und ihre Publikation im *Volksblatt* als „particularly polemic example"[289] des Einsatzes Jelineks für die Kommunistische Partei Österreichs.
Es lässt sich jedoch nicht übersehen, dass seit diesem Zeitpunkt die Kunst Elfriede Jelineks in vielen österreichischen Medien mit einer gewissen Abneigung aufgenommen wurde, was sicherlich auch zu der Ignorierung des weiter besprochenen Dramoletts „Präsident Abendwind" führen konnte.

---

286 Verena Mayer/Roland Koberg: *Elfriede Jelinek. Ein Porträt.* 1. Auflage, Reinbek bei Hamburg: Rowohlt Verlag 2006, S.142.

287 Humbert Fink: Die Beschimpfung. In: *Neue Kronen Zeitung*, Wien (9.12.1986).

288 Anonym: Miesmacher. In: *Frankfurter Allgemeine Zeitung*, Frankfurt (08.01.1987).

289 Allyson Fiddler: *Rewriting reality. An introduction to Elfriede Jelinek.* Oxford/Providence, USA: Berg Verlag 1994, S. 7.

7. „Präsident Abendwind“. (1986).

Das Dramolett Elfriede Jelineks, *Präsident Abendwind*, ist eine Paraphrase des Stücks *Häuptling Abendwind* von Johann Nepomuk Nestroy, das 1862 als Überarbeitung von Jacques Offenbachs *Vent du soir ou L'horrible festin* geschrieben wurde.[290] Dabei verwendete Nestroy die Personen und teilweise auch die Lieder der Operette.[291]
Mayer/Koberg bezeichnen das Stück Jelineks als „Theaterscherz, [den die Autorin] dem ‚Österreicher, dem die Welt vertraut', wie einer von Kurt Waldheims ersten Wahlslogans gelautet hatte [widmete]“.[292] Sowohl in Bezug auf den Inhalt, als auch auf deren Aufgabe lassen sich viele Parallelen der beiden Stücke erkennen.
Präsident Abendwind ist einer von vielen Hinweisen auf die künstlerische Verwandtschaft Jelineks und Nestroys. Gulielmetti[293] zeigt die sowohl für Nestroy, als auch für Jelinek charakteristische skeptische Sicht der österreichischen Gesellschaft auf. Weiters verweist sie auf den „bösen Blick“ der beiden Autoren, „einen satirischen, beißend ironischen Blick auf das, was sie für die Kehrseite der ‚Alpenrepublik' halten“[294] durch den sie den Versuch unternehmen, die Illusionen der Gesellschaft zu zerstören. „Aus der Literatur über Jelinek wird deutlich, dass sie als Erbin von Nestroys bösem Blick angesehen wird.“[295]
In diesem Kapitel wird der literarische und politische Hintergrund des Textes und die Intertextualität zu Nestroys Stück erläutert. Darüber hinaus wird auf die äußerst geringe Rezeption des Textes hingewiesen, die im Gegensatz zur Rezeption von Thomas Bernhards *Heldenplatz* gesehen werden kann, vor allem was das mangelnde Interesse an einer österreichischen Aufführung von *Präsident Abendwind* und die lange Zeit des medialen Schweigens über das Stück betrifft.
Das Dramolett entstand im Auftrag des Literaturhauses Berlin, das, neben Elfriede Jelinek, drei andere SchriftstellerInnen – Libuše Moníková, Oskar Pastior und Helmut Eisendle - aufforderte, Johann Nepomuk Nestroys letztes Stück[296] *Häuptling Abendwind oder Das gräuliche Festmahl. Eine Operette* von 1862, zu paraphrasieren. Der Auftrag erfolgte im Jahr 1986, im Zusammenhang mit dem Theaterfest des Berliner Literaturhauses *Antropophagen im Abendwind*.[297]

---

290 Vgl. Angela Gulielmetti: „Häuptling Abendwind“ und „Präsident Abendwind“. Nestroy und Jelinek. In: Internationale Nestroy Gesellschaft (Hrsg.): *Nestroyana: Blätter der Internationalen Nestroy-Gesellschaft.* Bd. 17, Wien: Lehner Verlag 1997, S. 39-49, hier S. 45.

291 Vgl. Sabine Perthold: *Elfriede Jelineks dramatisches Werk. Theater jenseits konventioneller Gattungsbegriffe*. Wien: Dissertation der Universität Wien 1991, S. 178.

292 Verena Mayer/Roland Koberg: *Elfriede Jelinek. Ein Porträt.* 1. Auflage, Reinbek bei Hamburg: Rowohlt Verlag 2006, S. 143.

293 Vgl. Gulielmetti, a.a.O., S. 40.

294 Ebenda, S. 39.

295 Ebenda, S. 40.

296 erena Mayer/Roland Koberg: *Elfriede Jelinek. Ein Porträt.* 1. Auflage, Reinbek bei Hamburg: Rowohlt Verlag 2006, S. 143.

297 Vgl. Pia Janke: *Werkverzeichnis Elfriede Jelinek.* Wien: Edition Praesens 2004, S. 91.

Perthold[298] unterstreicht den großen Zeitdruck, den Jelinek überaus gut nutzte, um eine Polemik zu dem für sie äußerst wichtigen politischen Problem zu verfassen.
Gulielmetti[299] deutet die Bedeutung des Textes von Jelinek als Fortsetzung und detaillierte Darstellung der Kritikpunkte Johann Nestroys. Sie sieht in *Präsident Abendwind* eine genaue Beschäftigung mit einzelnen Themenaspekten, beispielsweise mit Fremdenhass oder den Nachteilen des kapitalistischen Systems, die in *Häuptling Abendwind* nur sehr allgemein angesprochen werden oder gar, aufgrund der unterschiedlichen historischen Dimension, fehlen. Aus der Perspektive der zweiten Hälfte des 20. Jahrhunderts, mit der Erfahrung des Ersten- und Zweiten Weltkriegs, gewinnen diese Themen jedoch stark an Bedeutung.

7.1. Politischer und historischer Hintergrund des Textes.

Die Entstehung des Textes, wie auch schon die Entstehung früherer Texte Jelineks, geht auf wichtige Ereignisse in der österreichischen Öffentlichkeit zurück. Als bedeutende innenpolitische Veränderungen in Österreich Mitte der 80er Jahre erwähnen Mayer/Koberg sowohl die Wahl des ehemaligen UNO-Generalsekretärs, Kurt Waldheim, zum Bundespräsidenten, „de[m] vergessliche[n] Präsident[en], der bei der Reiter-SA auf dem Balkan nur seine Pflicht getan haben wollte“[300]; als auch den politischen Aufstieg Jörg Haiders an die Spitze der FPÖ und die Begründung des „'Feschismus' […] – d[er] Ausgrenzung all derer, auf die das Jung-samma-fesch-samma nicht zutraf.“[301]
Präsident Abendwind entstand also unmittelbar als Reaktion auf die Wahl Kurt Waldheims zu Österreichs Bundespräsidenten.

---

298 Vgl. Sabine Perthold: *Elfriede Jelineks dramatisches Werk. Theater jenseits konventioneller Gattungsbegriffe*. Wien: Dissertation der Universität Wien 1991, S. 180.

299 Vgl. Angela Gulielmetti: „Häuptling Abendwind“ und „Präsident Abendwind“. Nestroy und Jelinek. In: Internationale Nestroy Gesellschaft (Hrsg.): *Nestroyana: Blätter der Internationalen Nestroy-Gesellschaft*. Bd. 17, Wien: Lehner Verlag 1997, S. 39-49, hier S. 48.

300 Verena Mayer/Roland Koberg: *Elfriede Jelinek. Ein Porträt*. 1. Auflage, Reinbek bei Hamburg: Rowohlt Verlag 2006, S.141.

301 Ebenda.

7.1.1. Die Wahl Kurt Waldheims zum österreichischen Bundespräsidenten.

Der 1918 in St. Andrä-Wördern in Niederösterreich geborene Kurt Waldheim absolvierte 1939 die Konsularakademie und schloss sein Doktoratstudium 1944 an der juridischen Fakultät der Universität Wien ab. Nach Kriegsende trat er in den österreichischen diplomatischen Dienst ein. Er hatte zuerst verschiedene Funktionen inne, schließlich wurde er in den Jahren 1968-1970 Bundesminister für Auswärtige Angelegenheiten und von 1971 bis 1981 Generalsekretär der UNO. 1985 wurde Waldheim, der keiner politischen Partei angehörte, sowohl von parteiunabhängigen Initiativen als auch von der ÖVP, zum überparteilichen Präsidentschaftskandidaten bestimmt. [302]

Als Waldheim 1986 zu den Präsidentschaftswahlen antrat, wurde sein Lebenslauf von den Journalisten genau analysiert. Die Ergebnisse dieser Analyse publizierte Otmar Lahodynsky[303] im März 1986 im Nachrichtenmagazin *Profil* als Antwort auf Waldheims 1985 erschienene Autobiografie *Im Glaspalast der Weltpolitik*. Darin soll Waldheim Informationen über seinen Dienst im Jahr 1942 als Leutnant und Dolmetscher in der *Kampfgruppe Westbosnien*, die „am Balkan stationiert war und dort auch an Massakern beteiligt war“[304], mit Bedacht übergangen haben.[305] Es wurde aber auch dessen Mitgliedschaft in NS-Gliederungen, so im SA-Reitersturm, als auch im NS-Studentenbund thematisiert. Die Journalisten publizierten auch die Wehrmachtskarte Waldheims.[306] Fast sofort reagierte das World Jewish Congress mit dem Antrag auf die Eintragung Waldheims auf die „Watchlist“ des U. S. Justizministeriums. Im April 1987 wurde dem Antrag des damaligen amerikanischen Justizministers, Edward Messe, stattgegeben und Waldheim durfte auch nach seiner Präsidentschaft nicht mehr in die USA einreisen.[307]

Großes Aufsehen erregte wiederum Kurt Waldheims Reaktion auf die publizierten Informationen und auf die Debatte bezüglich seiner NS-Vergangenheit und vor allem der Slogan bei den Stichwahlen von 1986: „Jetzt erst recht“[308]. Gegen diese Reaktion wurde wiederholt polemisiert. Doron Rabinovici griff in dem Artikel *Manifestation des Wortes* dieses Ereignis auf:

---

302 Vgl. Barbara Tóth: Die “Jetzt erst recht” Wahlbewegung. In: Barbara Tóth/ Hubertus Czernin [Hrsg.]: 1986: das Jahr, das Österreich veränderte. Wien: Czernin Verlag 2006, S. 25-62, hier S. 31.

303 Vgl. Ebenda, S. 40.

304 Ebenda, S. 52.
Vgl. auch: Hanspeter Born: *Für die Richtigkeit. Kurt Waldheim*. München: Schneekluth Verlag 1987, S. 194.

305 Vgl. URL: http://diepresse.com/home/politik/innenpolitik/310528/index.do [10.11.2007]

306 Vgl. URL: http://wien.orf.at/stories/200075/ [10.11.2007]

307 Vgl. URL: http://www.nationalsozialismus.at/Themen/Umgang/waldheim.htm [10.11.2007]

308 URL: http://wien.orf.at/stories/200075/ [10.11.2007]

> Kurt Waldheim wollte sich nicht erinnern, seine Vergangenheit vergessen gemacht zu haben. Er habe, sagte der österreichische Lebensläufer, in der Wehrmacht des nazistischen Reichs doch nur seine ‚Pflicht erfüllt' – und [...] gab vor, nicht zu wissen, daß[!] Juden in Saloniki gelebt haben sollen, geschweige denn dort unter deutscher Besatzung zusammengetrieben und in Deportationszüge gepfercht wurden.[309]

Der damalige Kabinettchef von Fred Sinowatz, Hans Pusch, erklärte in einem Interview für den *Standard* im Januar 2006:

> Meines Erachtens hat der Fehler darin bestanden, dass einer, der Bundespräsident werden wollte, eine äußerst lückenhafte Biografie vorgelegt hatte. Und da es sich dabei nicht um einen österreichischen Provinzpolitiker, sondern um den ehemaligen UN-Generalsekretär handelte, hat es ein weltweites Bedürfnis nach Aufklärung gegeben.[310]

Waldheims Erklärung, er habe „im Krieg nichts anderes getan als Hunderttausende andere Österreicher, nämlich [s]eine Pflicht als Soldat erfüllt"[311], rief eine Polarisierung der Meinungen zu seinen Angaben, aber auch zu dem Umgang Österreichs mit der NS-Vergangenheit. Einerseits wurde durch die so genannte Waldheim-Affäre der bis dahin in Österreich vorherrschende „Opfermythos", laut dem Österreich, in Anlehnung an die Moskauer Deklaration von 1943, von den Alliierten als das erste von Hitler angegriffene Land bezeichnet wurde,[312] stark beeinträchtigt und die Art und Weise der Durchführung der Entnazifizierung in Österreich nach dem Weltkrieg kritisiert[313], andererseits wurde in der österreichischen Bevölkerung eine Art „Trotzreaktion" auf die Kritik an Waldheim hervorgerufen, was schließlich zu seinem Wahlsieg führte. Rabinovici[314] zitierte den Text der Plakate „Wir Österreicher wählen wen wir wollen!", die bei den Wahlen 1986 überall in Wien zu sehen waren. Ein Teil der Bevölkerung solidarisierte sich mit Waldheim, nicht zuletzt wegen der tendenziellen Darstellung in den Medien, die in der Berichterstattung beispielsweise nicht vom World Jewish Congress sprachen, sondern von „den Juden"[315]. Die Aussage des damaligen ÖVP-Generalsekretärs, Michael Graff, die lautete: „Wenn man Waldheim nicht nachweisen kann, dass er sechs Juden eigenhändig erwürgt hat, ist er je-

309 Doron Rabinovici: Manifestation des Wortes. Eine gelungene Fehlbesetzung auf politischen Demonstrationen. In: Brigitte Laudes (Hrsg.): Stets das Ihre. Elfriede Jelinek, Theater der Zeit. Berlin, Arbeitsbuch 2006, S.82-83, hier S.82.

310 Zitat nach: URL: http://derstandard.at/?url=/?id=2305728 [10.11.2007]

311 Zitat nach: URL: http://www.nationalsozialismus.at/Themen/Umgang/waldheim.htm [10.11.2007]

312 Vgl. URL: http://www.nationalsozialismus.at/Themen/Umgang/opfermyt.htm [10.11.2007]

313 Vgl. URL: http://www.nationalsozialismus.at/Themen/Umgang/entnazif.htm [10.11.2007]

314 Rabinovici, a.a.O., S.82.

315 URL: http://www.nationalsozialismus.at/Themen/Umgang/waldheim.htm [10.11.2007]

denfalls unschuldig"[316], sollte zwar Waldheim unterstützen, hatte jedoch Graffs Rücktritt zur Folge.
Die aufgrund der anhaltenden Diskussion zur Klärung der Beteiligung Kurt Waldheims an den Naziverbrechen berufene Internationale Historikerkommission präsentierte im Februar 1988 den Untersuchungsbericht[317] und bestätigte darin Waldheims Mitgliedschaft in der SA und dem NSDStB, dem Nationalsozialistischen Studentenbund; zeigte auch dessen Beteiligung an der Weitergabe und dem Austausch von Nachrichten, die als Grundlage für die Zielsetzung von Säuberungsaktionen gedient hatten.[318] Weiters stellte die Kommission fest, dass Waldheim kein Kriegsverbrecher gewesen war, obwohl er „in den verschiedenen Stabsstellungen [...] Aufgaben wahrgenommen [hatte], die das Schicksal von Gefangenen oder Flüchtlingen betreffen konnten"[319].
Elfriede Jelinek protestierte wiederholt gegen die Wahl Kurt Waldheims und dessen „Vergesslichkeit"[320]. Mayer und Koberg zeigen sowohl die öffentliche Opposition Jelineks am Tag der Angelobung Waldheims, nebst dem offenen Brief, in dem sie sagte: „Sie haben Ihre Vergangenheit vergessen. Wir würden gern vergessen, dass Sie unser Bundespräsident sind", und dem Protest vor dem in die Mauer des Wiener Stephansdoms eingeritzten Zeichen des österreichischen Widerstandes gegen den Nationalsozialismus, *O5*.

7.1.2. Die Stellung der Österreicher zur Rolle Österreichs im Nationalsozialismus.

Das „österreichische Gedächtnis"[321] hatte, nach Auffassung von Gerhard Botz, nicht nur den Fehler begangen, sich als Opfer der deutschen Okkupation zu sehen, sondern auch eine weit reichende Überbetonung der Verfolgung seitens der Deutschen und folglich des Widerstands gegen den „Okkupanten" zugelassen, wodurch die österreichische Mitverantwortung am Nationalsozialismus und

316 Zitiert nach: Ebenda.

317 Vgl. Der Bericht der internationalen Historikerkommission. In: *Profil*, Nr. 7, Wien (15.02.1988)

318 Vgl. http://www.nationalsozialismus.at/Themen/Umgang/waldheim.htm [10.11.2007]

319 Der Bericht der internationalen Historikerkommission. In: *Profil*, Nr. 7, Wien (15.02.1988).

320 Verena Mayer/Roland Koberg: *Elfriede Jelinek. Ein Porträt.* 1. Auflage, Reinbek bei Hamburg: Rowohlt Verlag 2006, S. 143.

321 Gerhard Botz: Die „Waldheim-Affäre" als Widerstreit kollektiver Erinnerungen. In: Barbara Tóth/ Hubertus Czernin [Hrsg.]: 1986*: das Jahr, das Österreich veränderte.* Wien: Czernin Verlag 2006, S. 74-95, hier S. 84.

die Teilnahme am Zweiten Weltkrieg „aus[ge]blendet und die Verantwortung dafür nach Deutschland abgeschoben [wurde]“[322].
Fiddler verweist auf einen starken Zusammenhang zwischen der Politik und der Kultur im Österreich der Nachkriegszeit. Diesbezüglich sieht sie eine Relation zwischen dem Bestreben zur politischen Stabilität und Konfliktlosigkeit seit dem Staatsvertrag von 1955 und der politisch neutralen Literaturproduktion in Österreich.[323]

> Many critics have argued that this lack of political consciousness and failure to respond to or incorporate contemporary political debate is not a sporadic and context-dependent characteristic but an inherent and eternal quality of a great deal of Austrian literature of any period.[324]

In Ihrer Behauptung zitiert Fiddler Bernhard Greiner, der von der „bohèmehafte[n], apolitische[n], artifizielle[n] Literatur [spricht], die von Graz bis Wien Kennzeichen vieler österreichischer Autoren [sei]“[325], weiters auch von einer politischen Ruhelage, die jegliche Veränderungen unmöglich macht. Sie selbst stellt jedoch dieser Meinung die Gegenbehauptung, indem sie, am Beispiel Peter Handkes und Elfriede Jelineks, die Tätigkeit österreichischer politisch engagierter Autoren vorstellt.[326]
Diese engagierten Autoren stehen in Opposition zu zahlreichen Nachkriegsjournalisten, die laut Fritz Hausjell[327], nicht dazu geeignet waren, „jüngste Vergangenheit den historischen Ereignissen gerecht aufzuarbeiten und über Medien zu transportieren, [weil] ein großer Teil derselben selbst darin verstrickt war“[328]. Auf diese Weise wurde den Schriftstellern eine umso bedeutungsvollere Aufgabe zuteil, die jedoch auch nicht immer einfach zu erfüllen war.
Hans Rauscher[329] erwähnt die Einstellung eines Teils der österreichischen Bevölkerung, die in zahlreichen Leserbriefen eine Meinung kund gab, die zeigte, dass die offizielle Aussage Waldheims über seine Teilnahme am Krieg zum Hauptargument wurde, sich mit dem Thema nationalsozialistischer Vergangenheit auch nahezu 50 Jahre nach dem Krieg nicht auseinandersetzen zu müssen.

---

322 Gerhard Botz: Die „Waldheim-Affäre“ als Widerstreit kollektiver Erinnerungen. In: Barbara Tóth/ Hubertus Czernin [Hrsg.]: 1986*: das Jahr, das Österreich veränderte.* Wien: Czernin Verlag 2006, S. 74-95, hier S. 64.

323 Vgl. Allyson Fiddler: *Rewriting reality. An introduction to Elfriede Jelinek.* Oxford/Providence, USA: Berg Verlag 1994, S. 18.

324 Vgl. Ebenda.

325 Zitat nach: Ebenda.

326 Vgl. Ebenda, S. 18-19.

327 Vgl. Fritz Hausjell: Verdränger als Aufarbeiter? In: Grete Anzengruber u.a. [Hrsg.]: Vergangenheitsbewältigung. Heft 43, Wien-München: Verlag Jugend & Volk 1986, S. 73-79, hier S. 73.

328 Ebenda.

329 Vgl. Hans Rauscher: Das Bürgertum und die Pflichterfüllung. In: Barbara Tóth/ Hubertus Czernin [Hrsg.]: *1986: das Jahr, das Österreich veränderte.* Wien: Czernin Verlag 2006, S. 63-73.

Die wichtigsten Behauptungen fasst Rauscher folgendermaßen zusammen: „Wir mussten tun, was man uns befohlen hat“, „Krieg ist Krieg und wo gehobelt wird, da fallen auch Späne“, „Die Wehrmacht war sauber, und was die SS vielleicht angerichtet hat, das wussten wir nicht oder konnten nichts dagegen tun“, „Österreich war ein überfallenes Opfer“, „Die Westmächte haben uns im Stich gelassen“[330]. Gerade das Argument der Opferrolle Österreichs, die Rolle eines von Hitler überfallenen Landes, was bis zum Bedenkjahr Jahr 1988 besonders verteidigt wurde, ist genau das, wogegen Thomas Bernhard und Elfriede Jelinek in den zwei behandelten Theaterstücken ihre Kritik äußerten.

7.2. Literarischer Hintergrund des Textes. *Häuptling Abendwind* und *Präsident Abendwind.* Nestroy und Jelinek.

Angela Gulielmetti[331] unterstreicht in dem vergleichenden Aufsatz *Häuptling Abendwind und Präsident Abendwind. Jelinek und Bernhard*, die in den beiden Texten sichtbare Hinterfragung der von der Gesellschaft akzeptierten Normen der innengesellschaftlichen Beziehungen und des Begriffs von Kultur: „Jelinek und Nestroy unterziehen die Verhältnisse der österreichischen Gesellschaft einer kritischen Betrachtung und konfrontieren sie mit dem ‚schönen Schein' ihrer kulturellen Fassade.“[332] Gulielmetti deutet jedoch ebenfalls auf die stilistischen Ähnlichkeiten beider Autoren, die satirische Sprachverwendung, und deren Bild als „'enfants terribles' der österreichischen Theaterszene“[333]. Dieser Vergleich bezieht sich auf die besondere Handhabung der Sprache, die Ausbreitung des semantischen Feldes und die damit verbundene besondere Bedeutung des Gesprochenen, auf die beide Autoren immer größten Wert legten; in Bezug darauf sagte Jelinek: „Jeder Satz muß wie ein Peitschenhieb sein, auf den Punkt hingeschrieben. Die Sprache muß gezwungen werden, die Wahrheit zu sagen, auch wenn sie es nicht will.“[334] Über die Verfremdung der Alltagsprache im Werk von Nestroy sagte Karl Kraus: „Nestroy [war] der erste deutsche Satiriker, in dem sich die Sprache Gedanken macht über die Dinge.“

---

330 Hans Rauscher: Das Bürgertum und die Pflichterfüllung. In: Barbara Tóth/ Hubertus Czernin [Hrsg.]: *1986: das Jahr, das Österreich veränderte.* Wien: Czernin Verlag 2006,, S. 69.

331 Vgl. Angela Gulielmetti: „Häuptling Abendwind“ und „Präsident Abendwind“. Nestroy und Jelinek. In: Internationale Nestroy Gesellschaft (Hrsg.): *Nestroyana: Blätter der Internationalen Nestroy-Gesellschaft.* Bd. 17, Wien: Lehner Verlag 1997, S. 39-49, hier S. 39.

332 Ebenda.

333 Ebd.

334 Zitat nach: Gulielmetti, a.a.O., S. 44.

Laut Gulielmetti[335] hängt die ablehnende Haltung der Gesellschaft gegenüber Nestroy und Jelinek mit der grotesken Darstellung der politischen und gesellschaftlichen Ereignisse, in *Häuptling Abendwind*- der Politik Kanzler Klemens Wenzel Metternichs, in *Präsident Abendwind*- der politischen Haltung Präsident Kurt Waldheims, zusammen. Eine Ähnlichkeit findet sich, laut Gulielmetti, auch bei näherer Betrachtung der politischen Haltung der Autoren. Nestroy war ein überzeugter Kritiker des Kapitalismus und des die unteren gesellschaftlichen Schichten unterdrückenden Bürgertums. Ebenso kritisiert Jelinek, die, wie bereits im biographischen Teil erwähnt, lange Zeit der Kommunistischen Partei Österreichs angehörte, das kapitalistische System.
Laut Cathrine Theodorsen ist die Farce bei Jelinek jedoch „zielgerichteter"[336], denn der „Menschenfresser Präsident Abendwind weist unverblümt auf Kurt Waldheim hin. [...] [Es] wird vor allem auf die Vergesslichkeit angespielt"[337]. Sabine Perthold unterstreicht die Vampirmetapher, die Jelinek in ihrem Werk verwendet, „um in ironischer Art die kannibalistische Relation zwischen Staatsoberhaupt und der Wählerschaft vor dem Hintergrund der wirtschaftlichen Landesinteressen aufzuzeigen"[338]. Dabei wird mit dem Einsatz von Satire ein solcher Grad an Abstraktion erreicht, dass Jelinek auf diese Weise sozialpolitische Ereignisse „sezier[en] und enltlarv[en]"[339] kann. Denn die Autorin nutzt die in der deutschen Sprache vorkommende „kannibalistische Terminologie"[340], um anhand gewisser Bilder gezielt sozialkritische Informationen zu vermitteln.
Für das Stück wählte Jelinek, der Vorlage Nestroys folgend, die Satire, die oftmals durch die ironische Inversionstechnik, den plakativen Witz und die oft als aggressiv gesehene Zerstörung gesellschaftlicher Konventionen, als gegen die Prinzipien des guten Geschmacks verstoßend angesehen wurde.[341]
Gulielmetti erwähnt den in beiden behandelten Stücken zu beobachtenden Mangel an belehrenden Elementen, was Jelinek folgendermaßen kommentiert: „Das positive Gegenmodell läßt sich mit meinen literarischen Techniken nicht vereinbaren."[342]
Beide Autoren stellen durch die Figur von Abendwind einen „Ränke schmiedenden, zivilisationsbewussten, ehrgeizigen Wilden [vor], der darauf aus ist, seine eigentlichen nationalistischen Ziele zu verfolgen, ungeachtet der Konse-

---

335 Vgl. Angela Gulielmetti: „Häuptling Abendwind" und „Präsident Abendwind". Nestroy und Jelinek. In: Internationale Nestroy Gesellschaft (Hrsg.): *Nestroyana: Blätter der Internationalen Nestroy-Gesellschaft.* Bd. 17, Wien: Lehner Verlag 1997, S. 39-49, hier S. 39-44.

336 Cathrine Theodorsen: *Jelinek und die Tradition.* http://uit.no/getfile.php?PageId=977&FileId=611 [12.01.2008]

337 Ebenda.

338 Sabine Perthold: *Elfriede Jelineks dramatisches Werk. Theater jenseits konventioneller Gattungsbegriffe*. Wien: Dissertation der Universität Wien 1991, S. 178.

339 Ebenda.

340 Ebenda, S. 184.

341 Ebenda, S. 181.

342 Zitat nach: Gulielmetti, a.a.O., S. 43.

quenzen für Andere."[343] Theodorsen sieht in der Figur Häuptling Abendwinds einen „sebstbezogen[en], habgierig[en], ehrgeizig[en], nationalistisch[en] […] Menschenfresser"[344], der dazu auch noch Wiener Dialekt spricht. Diesbezüglich meint jedoch Perthold, dass es sich um „ein[e] Art Kunstsprache [handelt], die auf gewisse österreichische Regionalismen zurückgreift"[345]. Genau das soll auch zu einer Verständnisbarriere beim nichtösterreichischen, wenn auch deutschsprachigen, Publikum geführt haben.[346]
Theodorsen definiert das Treffen zwischen Abendwind und dem Häuptling der Nachbarinsel, Biberhahn, als „beissende Satire auf die österreichische Staatsmacht, europäische Diplomatie und die Wiener Gesellschaft"[347]. Jelineks Text bezeichnet sie als „Kontrafaktur"[348], sie meint damit den Bezug auf Nestroys Textvorlage „um deren kommunikatives Potential und Struktur für die Formulierung des eigenen Projekts auszunützen"[349].
Johann Nepomuk Nestroy lässt anhand der sprachlichen Akzentuierung der bereits existierenden Spielschablone[350] die beiden Häuptlingsfiguren „im ‚gemütlich' wirkenden Wiener Dialekt sprechen, während die Inhalte ihrer Unterhaltung alles andere als ‚gemütlich' sind"[351] denn die Anspielung bezieht sich auf das Treffen Napoleons III. mit Wilhelm I.[352] Die behandelten Themen zählt Perthold folgendermaßen auf: „[M]achtpolitische Expansion, persönlicher Prestigezuwachs auf Kosten des Volkes, Bereicherung durch Vereinnahmung und dadurch Vernichtung fremder Tradition"[353]. Sie unterstreicht jedoch die auf ironische Weise dargestellte, streng befolgte, für Gipfeltreffen vorgeschriebene, abendländische Etikette.[354]
Gulielmetti meint, Nestroy in *Häuptling Abendwind* auf die Habgier der Österreicher verwiesen habe; gleichzeitig stellt sie eine Verbindung zu Jelineks Gesellschaftskritik her. Das Schablonenhafte der Figuren und gleichzeitig aber auch das Fehlen von jeglicher Belehrung, wodurch ein entblößtes Bild der Gesellschaft in den Raum gestellt wird. Die den beiden Autoren zu eigene satiri-

343 Angela Gulielmetti: „Häuptling Abendwind" und „Präsident Abendwind". Nestroy und Jelinek. In: Internationale Nestroy Gesellschaft (Hrsg.): *Nestroyana: Blätter der Internationalen Nestroy-Gesellschaft.* Bd. 17, Wien: Lehner Verlag 1997, S. 39-49, hier S. 45.

344 Cathrine Theodorsen: *Jelinek und die Tradition.* http://uit.no/getfile.php?PageId=977&FileId=611 [12.01.2008]

345 Sabine Perthold: *Elfriede Jelineks dramatisches Werk. Theater jenseits konventioneller Gattungsbegriffe.* Wien: Dissertation der Universität Wien 1991, S. 181.

346 Vgl. Ebenda.

347 Cathrine Theodorsen: *Jelinek und die Tradition.* http://uit.no/getfile.php?PageId=977&FileId=611 [12.01.2008].

348 Ebenda.

349 Ebenda.

350 Vgl. Perthold, a.a.O., S. 178.

351 Ebenda.

352 Helmut L. Demel: Guten Appetit! Elfriede Jelinek-Uraufführung im Innsbrucker Treibhaus: „Präsident Abendwind". In: *Präsent*, Nr. 48, November 1992.

353 Perthold, a.a.O., S. 178.

354 Ebenda.

sche Sprachverwendung, spitzt die Gesellschaftskritik zu. Sie kommt in ihrem Aufsatz über die Beziehung des Stücks Elfriede Jelineks und der Posse Johann Nestroys zu dem Schluss, dass *Präsident Abendwind* eine radikalisierte Überarbeitung *Häuptling Abendwinds* ist und Elfriede Jelinek die österreichische Gesellschaft und das Mythos Österreichs als Alpenparadies, viel stärker und vor allem offener angreift als es Johann Nepomuk Nestroy zuvor gemacht hatte. Jelinek spricht ihre Kritik ohne Umschweife aus, ihr politisches Engagement ist stark mit Provokation verbunden, durch die sie versucht, die Mitbürger zu eigener Analyse zu bringen, ohne ihnen die Lösung bereitzuhalten, die ihr persönlich als richtig erscheint.[355]
So zitiert Gulielmetti Kraus' Aussage: „Während Nestroy ‚sein Dynamit in Watte wickelte', tränkt Jelinek ihr Dramolett in Nitroglyzerin."[356]
Über das Gesamtwerk der beiden Autoren lässt sich auch sagen:

> Das Entsetzen, mit dem das Wiener Großbürgertum Nestroy ablehnt, und ebenso sein Ruf als ‚Verderber des guten Geschmacks und der Sitten' findet ein Echo in der fehlenden Akzeptanz und der Ablehnung der Werke von Elfriede Jelinek.[357]

Viktoria Jahn sieht neben der großen Nähe der literarischen Verfahren Jelineks und Nestroys eine beträchtliche Ähnlichkeit zwischen der Montagetechnik und Intertextualität im Werk der Autorin und den methodischen Eigenschaften der Literatur von Karl Kraus. Gerade durch die Verwendung „allbekannte[r] Phrasen aus verschiedenen Sphären der Wirtschaft, Politik oder Medien [wie auch der Gebrauch von] Zitate[n] aus der Musik und Literatur"[358] und deren völlig entfremdete Einbettung in den eigenen Text verursacht laut Jahn die Sinnesentleerung der Phrasen, die so ihre Referenz zum Ausgangstext verlieren.[359] So ist es beispielsweise mit der Zitierung des Refrains aus der Operette „Die Fledermaus" oder des bekannten Liedes „Wiener Blut", die verändert wurden und in einem ganz neuen Kontext eingebaut erscheinen.

---

355 Vgl. Angela Gulielmetti: „Häuptling Abendwind" und „Präsident Abendwind". Nestroy und Jelinek. In: Internationale Nestroy Gesellschaft (Hrsg.): *Nestroyana: Blätter der Internationalen Nestroy-Gesellschaft.* Bd. 17, Wien: Lehner Verlag 1997, S. 39-49, hier S. 43-49.

356 Ebenda, S. 49.

357 Ebenda, S. 42.

358 Viktoria Jahn: *Tradition und Dekonstruktion bei Elfriede Jelinek anhand der beiden österreichischen Satiren* Burgtheater *und* Präsident Abendwind. http://www.hum.uit.no/ger/jelinek-tagung/Abstracts/Abstract.Jahn.pdf [12.01.2008]

359 Ebenda.

7.3. Der Text.

In Bezug auf die Gattung verweist Jahn, ähnlich wie Perthold[360], auf die Nähe zu Johann Nepomuk Nestroys „Wiener Burlesken. [...] Die seit Raimund und Nestroy gepflegte Wiener volkstheatrale Tradition, die um eine böse und negative Belichtung und um kritische Hinterfragung sozialer und politischer Verhältnisse bemüht war, wird bei Jelinek z. B. im Stück ‚Präsident Abendwind' wieder aufgegriffen"[361], ohne jedoch alle für diese Gattung charakteristischen Eigenschaften beizubehalten. Insofern wird in *Präsident Abendwind* die Zerstörung der negativen Figur unternommen, die so zu einem „Abbau der Missstände"[362] führen soll.[363] Nach der Ansicht Pertholds soll die „modellhafte Vergröberung und politisch-analytische Ironie – sei es inhaltlicher, sei es sprachlicher Hinsicht – auf herrschende Mißstände hin[deuten]"[364], denn so kann gleichzeitig Kritik auf mehreren Ebenen ausgeübt werden, sowohl Kritik am Nationalsozialismus, als auch am Kapitalismus, an der Rolle der Medien und an den Verhältnissen der Geschlechter innerhalb der Gesellschaft.[365]

Laut Jahn ist „Jelineks analytisches und dekonstruktives Sprachverfahren, wo die Mächtigen subversiv der Lächerlichkeit preisgegeben werden, [das] einzig Gemeinsame mit Thomas Bernhards Sprachstil"[366].

Präsident Abendwind ist ein *Dramolett,* also ein kurzes Bühnenspiel,[367] das in der Regel die Länge von zwanzig Minuten nicht überschreitet. Die Verwendung des Dramoletts übernahm Elfriede Jelinek aus der Tradition der avantgardistischen Wiener Gruppe. Fiddler[368] weist in diesem Zusammenhang auf die Bedeutung der im Nationalsozialismus vergessenen Autoren für die konservative Nachkriegsgeneration der Literaten hin, die die Namen Robert Musils, Franz Kafkas, Rainer Maria Rilkes und Georg Trakls zu literarischen Vorbildern machten. Dieser Strömung gegenüber stand die, in anderen europäischen Ländern bedeutungsvolle, jedoch im Nazi-Deutschland boykottierte, Literatur der Avantgarde; dabei unterstreicht sie besonders die Rolle des französischen Surrealismus für die *entartete Kunst.*

---

360 Vgl. auch: Sabine Perthold: *Elfriede Jelineks dramatisches Werk. Theater jenseits konventioneller Gattungsbegriffe.* Wien: Dissertation der Universität Wien 1991, S. 108.

361 Viktoria Jahn: *Tradition und Dekonstruktion bei Elfriede Jelinek anhand der beiden österreichischen Satiren* Burgtheater *und* Präsident Abendwind. http://www.hum.uit.no/ger/jelinek-tagung/Abstracts/Abstract.Jahn.pdf [12.01.2008].

362 Ebenda.

363 Vgl. Ebenda.

364 Perthold, a.a.O., S. 181.

365 Vgl.Ebenda.

366 Jahn, a.a.O..

367 Vgl: http://lexikon.meyers.de/meyers/Dramolett [11.01.2008]

368 Vgl. Allyson Fiddler: *Rewriting reality. An introduction to Elfriede Jelinek.* Oxford/Providence, USA: Berg Verlag 1994, S. 18

Theodorsen weist darauf hin, dass der Untertitel *Ein Dramolett sehr frei nach Nestroy* von Jelinek erst 1993, nach der Überarbeitung *Präsident Abendwinds*, hinzugefügt wird.[369]
Präsident Abendwind besteht aus drei Akten, wobei der zweite und der dritte Akt durch ein Zwischenspiel geteilt sind. Im Text werden zwei Lieder präsentiert. Das Ende ist durch einen Schlusschor akzentuiert.
Jelinek situierte *Präsident Abendwind*, ähnlich wie Nestroy *Häuptling Abendwind*, in einer abgewandelten wienerischen Atmosphäre, in der die Personen des Stücks einen stark veränderten Wiener Dialekt sprechen. Der Gebrauch des Wiener Dialekts steigerte die Gesellschaftskritik der Stücke Jelineks. Trotzdem handelt es sich nicht um ein „naturalistisches Mundartstück"[370], denn nach Auffassung Jelineks ist „ein simpler Naturalismus [...] nicht imstande, alle Aspekte der Wirklichkeit so abzubilden, daß sie als veränderbar erkannt werden kann, sondern liefert vielleicht nur ein plattes Abziehbild".[371]

7.3.1. Der Titel.

Präsident Abendwind ist eine modifizierte Übernahme des Titels Nestroys *Häuptling Abendwind*. In Anbetracht der politischen Situation in Österreich im Jahr 1986 - der Präsidentenwahl und der Kritik an dem eben gewählten Präsidenten - kündigt das Stück bereits in seinem Titel einen klaren Bezug zur Alltagspolitik des Landes an.
Gulielmetti sieht in der Umbenennung der Operette Johann Nestroys, eine Steigerung der Gesellschaftskritik in *Präsident Abendwind* gegenüber *Häuptling Abendwind*.[372] Perthold deutet den Unterschied in der Titelbenennung als einen möglicherweise durch Erbfolge diese Position vertretenden Häuptling, gegenüber dem „mehrheitlich gewählte[n] Staatsoberhaupt einer demokratischen Republik"[373]. Diesbezüglich lässt sich auf der inhaltlichen Ebene eine ähnliche Relation beobachten. In *Häuptling Abendwind* handelt es sich um einen diktatorischen, wilden Häuptling, der charakteristische Züge zum politischen Regime Kanzler Metternichs aufzeigt. In *Präsident Abendwind* hingegen, ist es ein demokratisch gewählter Präsident, der sich zwar weder seiner vor den Wahlen

---

369 Vgl. Cathrine Theodorsen: *Jelinek und die Tradition.* http://uit.no/getfile.php?PageId=977&FileId=611 [12.01.2008]

370 Sabine Perthold: *Elfriede Jelineks dramatisches Werk. Theater jenseits konventioneller Gattungsbegriffe*. Wien: Dissertation der Universität Wien 1991, S. 181.

371 Elfriede Jelinek im Gespräch mit Josef-Hermann Sauter. In: Weimarer Beiträge, Heft 8, 1981, S. 114.

372 Vgl. Angela Gulielmetti: „Häuptling Abendwind" und „Präsident Abendwind". Nestroy und Jelinek. In: Internationale Nestroy Gesellschaft (Hrsg.): *Nestroyana: Blätter der Internationalen Nestroy-Gesellschaft*. Bd. 17, Wien: Lehner Verlag 1997, S. 39-49, hier S. 47.

373 Perthold, a.a.O., S. 182.

gegebenen politischen Versprechen erinnern kann, noch bereit ist, diese denn auch wirklich umzusetzen. Die ausgesprochene Vergesslichkeit zielt sehr deutlich auf die Bezeichnung Waldheims mit dem Namen des „vergesslichen Präsidenten“[374] in Bezug auf die Lücken in der von ihm dargestellten Biografie. Gulielmetti[375] deutet auf die Bestürzung Jelineks gebenüber dem Wahlsieg Waldheims, die bereits in ihrer Dankesrede zur Verleihung des Heinrich-Böll-Preises Ausdruck gefunden hatte und in *Präsident Abendwind* ihren Höhepunkt erreichte.

7.3.2. Inhaltliche Aspekte.

Der Inhalt des kurzen Stücks lässt sich, im Gegenteil zu seiner Bedeutung, in ein paar Worten zusammenfassen. Die Hauptperson, Häuptling Abendwind, wird von seiner Tochter überredet, in den Präsidentschaftswahlen zu kandidieren. Da dieser jedoch ein skrupelloser Kannibale ist, der mit Vorliebe nicht nur sein eigenes Volk tyrannisiert und zu Konservenfutter verarbeitet, sondern sich auch an den „Ausländern“[376] vergreift, wird er sehr schnell politisch isoliert und zu guter Letzt, zu großer Freude seiner unterdrückten Bevölkerung, beseitigt.

7.3.2.1. Das Motiv des Kannibalismus.

Die Handlung von *Präsident Abendwind* ist in eine „südseeinsulanisch[e] Urwaldlandschaft“[377] gebettet. Gulielmetti[378] deutet diese Lokalisierung auf einen Verweis seitens Jelineks auf die österreichischen Wälder.

Die Personen zeigen jedoch ab der ersten Szene deutliche europäische Züge auf, denn ihre Kleidung ist „europäisch-repräsentativ“ mit nur wenigen Elementen der „pfitschiinsulanischen“[379] Folklore. Die Atmosphäre des Exotischen wird hingegen durch die vielen Knochenreste um Abendwind und seine Tochter Ottilie deutlich und das Blut in ihren Gesichtern; Elemente, die unausweichlich auf Kannibalismus hindeutet. Laut Gulielmetti[380] ist die Darstellung des Kanni-

---

374 Verena Mayer/Roland Koberg: *Elfriede Jelinek. Ein Porträt.* 1. Auflage, Reinbek bei Hamburg: Rowohlt Verlag 2006, S.141.

375 Vgl. Angela Gulielmetti: „Häuptling Abendwind“ und „Präsident Abendwind“. Nestroy und Jelinek. In: Internationale Nestroy Gesellschaft (Hrsg.): *Nestroyana: Blätter der Internationalen Nestroy-Gesellschaft.* Bd. 17, Wien: Lehner Verlag 1997, S. 39-49, hier S 47.

376 Jelinek, *Präsident Abendwind,* S. 6.

377 Ebenda, S. 3.

378 Gulielmetti, a.a.O., S. 46.

379 Jelinek, *Präsident Abendwind,* S. 4.

380 Angela Gulielmetti: „Häuptling Abendwind“ und „Präsident Abendwind“. Nestroy und Jelinek. In: Internationale Nestroy Gesellschaft (Hrsg.): *Nestroyana: Blätter der*

balismus der beiden Häuptlinge in Nestroys *Häuptling Abendwind*, die von Jelinek in *Präsident Abendwind* aufgegriffen und durch die Erwähnung der Konservenfabrik als marktorientiertes Geschäft im kapitalistischen System zugespitzt wird, Ausgangspunkt für die Gesellschaftskritik des Wiener Milieus.
Perthold sieht in der Thematisierung des Kannibalismus die Absicht, „Herrschende als Vernichter ihrer Untertanen oder Bürger darzustellen, und das herrschende System des Kapitalismus symbolisch als menschenfressenden Moloch zu denunzieren“[381].
Das Motiv des Kannibalismus wurde 1729 zum ersten Mal von dem irischen Schriftsteller und Satiriker für die politische Satire angewendet. In dem Text *A Modest Proposal* schlägt er als Lösung für die ökonomischen Probleme der Gesellschaft das Verzerren von Kleinkindern vor, mehr noch, die so gewonnenen Nahrungsmittel könnten durch Export zu einem wirtschaftlichen Aufschwung des Landes führen.[382]
Der Text von Elfriede Jelinek weitet dieses Konzept auf eine tatsächliche Industrie der Verarbeitung von Menschenfleisch aus. Sie konzentriert jedoch den Profit daraus auf eine einzige Person – Abendwind.
Die Lebenseinstellung Abendwinds fasst Gulielmetti unter dem Motto „Ich esse jeden, der mich nicht zuerst ißt“[383] zusammen und betont dessen Verschlagenheit im Umgang mit Apertutto, dem Häuptling der Nachbarinsel,[384] den er zu einem Festessen einlädt, jedoch dem Publikum seine wahren Absichten verrät („Wenn mir ihm gut schoppen, dann schmeckt er uns hernach nur umso besser!“[385]) und sich, verstohlen nach Apertutto greifend, vergewissert, ob dieser auch fett genug ist. Dabei erinnert er an Nestroys Abendwind, der den jungen Fremdling, Arthur, dem Häuptling der Nachbarinsel zum Abendessen servieren möchte.
Jelinek führt die genannte Gesellschaftskritik durch die Auflistung der Laster des Repräsentanten des pfitschiinsulanischen Staatsoberhauptes weiter: „Allweil arbeitn… keine Feiertäg mehr, des is doch gar net pfitschiinsulanisch! Der Mensch muß auch essen, nicht nur arbeitn […] wo's doch grad so gemütlich ist…ich hab halt partout keinen Ehrgeiz nicht.“[386]

Internationalen Nestroy-Gesellschaft. Bd. 17, Wien: Lehner Verlag 1997, S. 39-49, hier S, S. 45.

381 Sabine Perthold: *Elfriede Jelineks dramatisches Werk. Theater jenseits konventioneller Gattungsbegriffe*. Wien: Dissertation der Universität Wien 1991, S. 182.

381 Verena Mayer/Roland Koberg: *Elfriede Jelinek. Ein Porträt*. 1. Auflage, Reinbek bei Hamburg: Rowohlt Verlag 2006, S.184.

382 Vgl. http://www.uoregon.edu/~rbear/modest.html [20.01.2008]

383 Angela Gulielmetti: „Häuptling Abendwind“ und „Präsident Abendwind“. Nestroy und Jelinek. In: Internationale Nestroy Gesellschaft (Hrsg.): *Nestroyana: Blätter der Internationalen Nestroy-Gesellschaft*. Bd. 17, Wien: Lehner Verlag 1997, S. 39-49, hier S. 46.

384 Ebenda.

385 Jelinek, *Präsident Abendwind*, S. 16.

386 Ebenda, S. 4.

Gulielmetti meint hierzu äußerst viel sagend: „Es ist genau diese sprichwörtlich ‚gemütliche', in Wirklichkeit jedoch habgierige Natur der österreichischen Gesellschaft, auf die Nestroys Operette anspielt, und die die Grundlage für Jelineks Kritik an der österreichischen Nachkriegszeit bildet"[387]; und erwähnt zugleich die Konsequenz einer solchen Kritik für Elfriede Jelinek - die abwertende Bezeichnung der Autorin als „Nestbeschmutzerin".[388] Sie meint weiter, dass es die Sprache des Stücks sei, die die bedeutsame Rolle für die Sozialkritik übernimmt und diese deutlich verschärft, denn die Sprache, als identitätsstiftende Komponente, ist, wie schon erwähnt, für Elfriede Jelinek ein zentrales Anliegen. Neben der Sprache spielt auch die Landschaft in den Texten der Autorin eine große Rolle bei der Identitätsfindung. Der im Ausland entstandene Mythos, in dem Österreich als Alpenparadies gepriesen wird, wird von Elfriede Jelinek systematisch abgebaut.

7.3.2.2. Die Zerstörung des Alpenmythos.

Der im Text zu beobachtende Prozess der Entmystifizierung der Alpenregion ist eine Weiterführung bereits bestehender Tendenzen seitens Jelineks. Der Alpenmythos, der in der Nachkriegszeit durch die Reinheit und positive Kraft der Natur metonymisch auf die Bewohner des Landes als gute und reine Menschen übernommen wurde, hat bereits Nestroy in *Häuptling Abendwind*, durch die Darstellung einer Satire des „edlen Wilden" der Epoche der Romantik, hinterfragt. Perthold[389] erwähnt, dass Nestroy dieses, bereits in Komödien der Epoche der Aufklärung gängige, Klischee des naiven und natürlichen von „edler Einfalt" getriebenen Fremden, durch die Darstellung des „nationalistische[n] und politisierende[n], menschenfresserische[n] Wilden"[390] ersetzt.
Der Wilde ist kein Fremder, kein Unbekannter mehr, es ist nichts Exotisches mehr an ihm.[391] Jelineks Abendwind, der Häuptling der Großjuhuer, ist ein Einheimischer, „ein österreichischer Staatsmann"[392], der sich im Gegensatz zu den Personen in *Burgtheater* keiner Kunstsprache[393], sondern eines übertriebe-

---

387 Angela Gulielmetti: „Häuptling Abendwind" und „Präsident Abendwind". Nestroy und Jelinek. In: Internationale Nestroy Gesellschaft (Hrsg.): *Nestroyana: Blätter der Internationalen Nestroy-Gesellschaft*. Bd. 17, Wien: Lehner Verlag 1997, S. 39-49, hier, S. 46.

388 Ebenda, S. 45.

389 Sabine Perthold: *Elfriede Jelineks dramatisches Werk. Theater jenseits konventioneller Gattungsbegriffe*. Wien: Dissertation der Universität Wien 1991, S. 179.

390 Ebenda.

391 Gulielmetti, a.a.O., S. 45.

392 Ebenda.

393 Vgl. Viktoria Jahn: *Tradition und Dekonstruktion bei Elfriede Jelinek anhand der beiden österreichischen Satiren* Burgtheater *und* Präsident Abendwind. URL: http://www.hum.uit.no/ger/jelinek-tagung/Abstracts/Abstract.Jahn.pdf [12.01.2998]

nen und künstlichen Wiener Dialekts bedient[394] und in einer dadurch erzeugten, „spezifisch wienerische[n] Atmosphäre"[395] seine Macht gegen die Fremden ausspielt. Sabine Perthold weist auf die im ersten Akt deutlich zu erkennenden Charakterzüge Abendwinds hin, der von „Ausländerhaß, Ignoranz und Gedächtnisschwund"[396] beherrscht wird.

Die von Ottilie stammende Idee „die Einheimischen werden ab sofort geschont. Dann seinds so dankbar, daß sie dich gleich zum Präsidenten wählen tun"[397] wird von Abendwind aufgegriffen: „Tu ich mich halt auf Ausländer schpezialisiern bis zur Wahl! [...] Was mer im Ausland finden, das wird verarbeitet. Mir sind ab sufurt gegens Ausland, Töchterl, hab ich recht?"[398] Dieser Vorsatz wird nach der Wahl auch noch fortgeführt, als Abendwind singt: „Kommt ein Gscherter übers Meer/ fress ich ihn, das ist nicht schwer"[399]. Er steht mit diesen Worten in Gegenposition zu dem offenen Verhalten und der Gutmütigkeit des „edlen Wilden", der in Chateaubriands *Atala* und Daniel Defoes *Robinson Crusoe* vorkommt.[400] Denn Abendwind „leid nix Fremds mehr! So a Bartholomäusnacht wär fein!"[401] Damit meint er das 1572 an den Hugenotten in Frankreich begangene Massaker.[402]

Das Wahlversprechen Abendwinds „Mein Volk, grüß Gott. Ich verspreche enk jeden Tag eine warme Mahlzeit aus unerwinschte Personen, die was aus dem Ausland zu uns kommen tan"[403] wird von Seiten seines Volkes mit einem Regen von „Wurfgeschossen"[404] entgegengenommen. Auf diese Weise kommt der Missmut des Volkes zum Ausdruck und zwingt Abendwind zu einem Versuch, sich in einem anderen Licht zu präsentieren. Diese Selbstdarstellung, oder eher die Verstellung, ist eine wichtige Komponente des Stücks.

7.3.2.3. Die Rolle der Selbstdarstellung in der Öffentlichkeit.

Gulielmetti macht auf die Thematisierung der Selbstdarstellung aufmerksam, die bereits in früheren Texten Jelineks und vor allem in der *Heinrich-Böll-Preis-*

394 Vgl. Gulielmetti, a.a.O., S. 46.

395 Angela Gulielmetti: „Häuptling Abendwind" und „Präsident Abendwind". Nestroy und Jelinek. In: Internationale Nestroy Gesellschaft (Hrsg.): *Nestroyana: Blätter der Internationalen Nestroy-Gesellschaft.* Bd. 17, Wien: Lehner Verlag 1997, S. 39-49, hier S.46.

396 Sabine Perthold: *Elfriede Jelineks dramatisches Werk. Theater jenseits konventioneller Gattungsbegriffe.* Wien: Dissertation der Universität Wien 1991, S. 182.

397 Jelinek, *Präsident Abendwind*, S. 6.

398 Ebenda.

399 Ebenda, S. 9.

400 Vgl. Gulielmetti, a.a.O., S. 45.

401 Jelinek, *Präsident Abendwind*, S. 10.

402 Ch. Scheidegger: *Bartholomäusnacht 1572*, URL: http://zh.ref.ch/content/e3/e1939/e10912/e10977/index_ger.html [13.01.2008]

403 Jelinek, *Präsident Abendwind*, S. 10.

404 Ebenda.

Rede ihren Ausdruck fand.[405] Der Fremdling Hermann stellt sich Ottilie, als Antwort auf deren Frage: „Was seind denn sie für einer?“[406] mit dem Satz aus Nestroys Abendwind wie folgt vor: „Vielleicht mögen Sie dies folgender biografischer Skizze entnehmen“[407] und fügt hinzu: „die was ich selbst erfunden habe“.[408] Dieser eindeutige Bezug zur Veränderung der Lebenslaufs durch Kurt Waldheim in der Autobiografie *Im Glaspalast der Weltpolitik* wird in dem Stück in Anbetracht der bevorstehenden Präsidentschaftswahlen von Ottilie unterstützt: „Und dann erfinden wir eine schöne Geschichte übern Pappa, der ist und der war nie ein Held“[409]. Es findet hier also eine Verschränkung der Realität mit der Fiktion und der Aufrichtigkeit statt, die auf ähnliche Weise von Thomas Bernhard thematisiert wurde, und die man im Rahmen des Alpenmythos für die Österreicher implizierte. Diese Verschränkung, die Wahrheit und Lüge parallel nebeneinander existieren lässt, wird der in den 80er Jahren entflammten Diskussion um die Stilisierung der NS-Vergangenheit gegenübergestellt.

In Anbetracht der Abneigung des eigenen Volkes gegenüber Abendwind wird von Hermann, „Abendwinds Wahlmanager“[410], die Lösung vorgeschlagen, das auf der Insel lebende Volk durch Ausländer zu ersetzen, die von der „natürliche[n] Schönheit [des] Landes“[411] angelockt werden sollen: „Mir haben doch jede Menge scheene Strände, unverschmutzte Luft, griene Wiesen, herrliche Wälder, Kulturdarbietungen…“[412]. Genau die Kultur ist es auch, der sich die Personen des Stückes bedienen, um die Öffentlichkeit, besonders das kritische Ausland, zu blenden[413] und einen falschen Schein bezüglich der Realität der Insel zu erzeugen: „Und dann zeigen wir uns olle auf dem beriehmten Opernball der Bevölkerung des Auslands.“[414] Diese Szene verbindet Gulielmetti mit der offiziellen Stellung Österreichs zur NS-Vergangenheit, wenn sie sagt:

> Während Österreich danach trachtet, die schrecklichen historischen Ereignisse hinter einer schönen kulturellen Fassade zu verstecken, versucht es auch jede Erinnerung an die Greueltaten selbst zu unterdrücken oder wenigstens die Schuldfrage für Österreich abzustreiten.[415]

---

405 Vgl. Gulielmetti, a.a.O., S. 46.

406 Jelinek, *Präsident Abendwind*, S. 10.

407 Ebenda, S. 11.

408 Ebenda.

409 Ebenda, S. 12.

410 Vgl. Angela Gulielmetti: „Häuptling Abendwind“ und „Präsident Abendwind“. Nestroy und Jelinek. In: Internationale Nestroy Gesellschaft (Hrsg.): *Nestroyana: Blätter der Internationalen Nestroy-Gesellschaft*. Bd. 17, Wien: Lehner Verlag 1997, S. 39-49, hier S. 47.

411 Ebenda.

412 Jelinek, *Präsident Abendwind*, S.13.

413 Vgl. Gulielmetti, a.a.O., S. 47.

414 Jelinek, *Präsident Abendwind*, S.13.

415 Gulielmetti, a.a.O., S. 47.

Die Thematisierung der Schuldfrage Österreichs und der Nachkriegspolitik, verbindet Gulielmetti sehr deutlich mit der Darstellung der verstorbenen Ehefrau Abendwinds, Lizzy, als Inhalt einer „überdimensionale[n] Konservendose, bedruckt mit ‚Wiener Allerlei'“[416], die „zu der Melodie von Johann Strauß' Wiener Blut [...] Touristen [umwirbt]“[417]. Ganz besonders jedoch bringt Gulielmetti Abendwinds Haupteigenschaft zum Vorschein: „Doch leichter noch als jedes Fressen, fällt eurem Präsidenten das Vergessen!“[418]. Auf diese Weise verbindet sie die „Gemütlichkeit“ Abendwinds und dessen „dringlichen Wunsch nach Ruhe“[419] mit der „Freßsucht und seinem Drang, alle potentiellen Gegner auszulöschen, um Österreich eine ‚weiße Weste' zu verschaffen“[420]. Besonders wichtig ist nämlich nicht nur das vermittelte Bild gegenüber dem eigenen Volk, sondern auch das äußerliche Erscheinungsbild gegenüber dem „Ausland“, denn diese sind es ja, die man unter Umständen auf die Insel locken muss, um ein neues Volk zu gründen. Deshalb erschrickt Abendwind so sehr, als der „von einer überseeischen Fernsehgesellschaft“[421] kommende, weiße Bär, ihm sagt, er „möchte [ihm] alle Übertragungsrechte für die nächsten fünf Jahre abkaufen. [Denn j]enseits des großen Teiches wünscht man [das] Ballereignis ab sofort jedes Jahr auf dem Bildschirm zu sehen“[422]. Auf diese Kundgebung schreit Abendwind „Jössas, des Ausland schaut auf uns!“[423]

7.3.2.4. Die Darstellung der Familienverhältnisse.

Gulielmetti[424] sieht die starke Tendenz zur Destruktion der Institution Familie im Text Jelineks als Weiterführung des Textes Nestroys, denn beide Abendwinde sind zwar Witwer, jedoch ist der Tod der Frau des Präsidenten um vieles bedeutsamer. Die Ehefrau in *Häuptling Abendwind* wird von dem Häuptling der Nachbarinsel verspeist, als Revanche dafür frisst dieser die Frau des Rivalen. In *Präsident Abendwind* wird die Ehefrau von Abendwind selbst gegessen, nachdem sie „irrtümlich mitm Fingerl in die Wurschtmaschine kommen is“[425] und

---

416 Jelinek, *Präsident Abendwind*, S. 6.

417 Angela Gulielmetti: „Häuptling Abendwind“ und „Präsident Abendwind“. Nestroy und Jelinek. In: Internationale Nestroy Gesellschaft (Hrsg.): *Nestroyana: Blätter der Internationalen Nestroy-Gesellschaft*. Bd. 17, Wien: Lehner Verlag 1997, S. 39-49, hier S. 48.

418 Jelinek, *Präsident Abendwind*, S.9.

419 Gulielmetti, a.a.O., S. 48.

420 Ebenda.

421 Jelinek, *Präsident Abendwind*, S. 19.

422 Jelinek, *Präsident Abendwind*, S. 19.

423 Ebenda.

424 Vgl. Angela Gulielmetti: „Häuptling Abendwind“ und „Präsident Abendwind“. Nestroy und Jelinek. In: Internationale Nestroy Gesellschaft (Hrsg.): *Nestroyana: Blätter der Internationalen Nestroy-Gesellschaft*. Bd. 17, Wien: Lehner Verlag 1997, S. 39-49, hier S. 49.

425 Jelinek, *Präsident Abendwind*, S. 6.

starb, wobei sie laut diesem „am Schluß ein wengerl zu gfüllt gwesn!“[426] ist. Auf ähnliche Weise wird die Beziehung Hermanns und Abendwinds Tochter Ottilie äußerst zweideutig dargestellt, denn Hermann macht beiseite verständlich, dass er, sollte Ottilie eines Tages für ihn nicht mehr interessant sein, in Erwägung zieht, sie ebenfalls zu verzerren: „Und wanns mir nicht mehr gfallt, freß ich sie nach Landessitte auf und hol mir ein neuches Exemplar.“[427] Auf ähnliche Weise möchte auch Abendwind seine Tochter und den zukünftigen Schwiegersohn verspeisen. Das, was in Nestroys *Häuptling Abendwind* durch einen unglücklichen Zufall fast passiert, als der zukünftige Schwiegersohn seinem eigenen Vater vermeintlich aufgetischt wird, ist in Jelineks *Präsident Abendwind* zwar eine auf dessen Vergesslichkeit bezogene Absicht, denn Abendwind fragt: „Was sind das für Leutln? Ich fress sie gleich auf!“[428], kann zwar von Ottilie aufgehalten werden, nachdem er bereits sein Messer gezogen hatte: „Aber geh, Papsch! Uns doch nicht! Mir seind doch dein Fleisch und Blut!“[429]; doch dies scheint ihm nicht viel auszumachen, als er darauf antwortet: „Umso delikater werden sie mir munden.“[430] Von der Absicht hält ihn letzten Endes erst der weiße Bär ab, der in einem Deus-ex-Machina-Effekt ganz plötzlich die dramatis personae aus ihrer verzweifelten Lage rettet. Gleichzeitig gibt es, als Abendwind von dem weißen Bären aufgegessen wird, einen Hinweis darauf, dass er mit den eigenen Waffen geschlagen wird, er fällt als selbst dem Kannibalismus zum Opfer. Wenn man dieses Ereignis jedoch weiter beobachtet, lassen sich die Rolle der Medien für die Gesellschaft erkennen und die Frage nach dem Einfluss der Medien auf das Erscheinungsbild in der Öffentlichkeit, die hier eindeutig so gelöst wird, dass „Präsident Abendwind den Medien [also dem weißen Bären] zum Opfer fällt“[431].

Ein weiterer Angriff auf die Familie ist laut Gulielmetti[432] die Darstellung des inzestuösen Verhältnisses zwischen Abendwind und Ottilie. Sie zeigt die Andeutungen in Nestroys *Häuptling Abendwind* auf, als Atala, „eine in der Hängematte liegende Puppe schaukelnd“[433] sagt: „Ach, Pappa, ich möchte noch eine Puppe haben“[434] und stellt sie den eindeutigen Hinweisen in *Präsident Abendwind* gegenüber als Ottilie Abendwind „auf den Schoß [hüpft]“[435] und meint:

426 Ebenda S. 5.

427 Jelinek, *Präsident Abendwind*, S. 13.

428 Ebenda, S. 18.

429 Ebenda.

430 Jelinek, *Präsident Abendwind*, S. 18.

431 Sabine Perthold: *Elfriede Jelineks dramatisches Werk. Theater jenseits konventioneller Gattungsbegriffe*. Wien: Dissertation der Universität Wien 1991, S. 187.

432 Angela Gulielmetti: „Häuptling Abendwind“ und „Präsident Abendwind“. Nestroy und Jelinek. In: Internationale Nestroy Gesellschaft (Hrsg.): *Nestroyana: Blätter der Internationalen Nestroy-Gesellschaft*. Bd. 17, Wien: Lehner Verlag 1997, S. 39-49, S. 49.

433 Nestroy: *Häuptling Abendwind*, S. 39.

434 Ebenda.

435 Jelinek, *Präsident Abendwind*, S. 6.

„Ach, mein Pappa kann mir doch keinen Wunsch nicht abschlagen!“[436] und als Antwort, die zweideutige Äußerung Abendwinds erhält: „Wenn das deine Mamma noch hätt erleben können!“[437]

7.3.2.5. Der Präsident und sein Volk.

Die äußerst ironische Aussage Abendwinds: „Präsident sein das wär gut und fein./ Ein Präsident ist nie allein. / Hab mein ganzes Volk gefressen/ und dann hab ich es vergessen. [...] Doch leichter noch als jedes Fressen/ fällt euerm Präsidenten das Vergessen“[438], deckt sich mit der Unterdrückung seinem Verhalten gegenüber seinem eigenen Volk, denn es geht in diesem Fragment nicht nur um Ausländerhass.[439] Nicht nur die Ausländer werden zu Konserven verarbeitet und verspeist, sondern auch die Einheimischen, die er zutiefst verachtet: „Mein Volk will mir nicht zuhörn. Es ist schier unbelehrbar. Ich lass es gleich verarbeitn und bestell mir ausm Katalog ein neues von einer Nachbarinsel.“[440] Abendwind braucht von seinem Volk nur die Wahlstimmen und natürlich auch das Fleisch, denn auf die schlichte Frage seitens Ottilie: „Pappa, vielleicht zürnt dir dein Volk, daß du so viele gute fleißige Menschen in Dosen verarbeitet hast“[441], meint Abendwind: „Das hab ich schier vergessen.“[442] Darin besteht auch der grundsätzliche Unterschied zu Nestroys Stück. Bei Jelinek ist der Präsident kein Menschenfresser aus dem Bedürfnis, den Hunger zu stillen[443]; er „funktionalisiert [...] die auf seiner Insel herrschenden Prinzipien zur persönlichen Profitmaximierung“[444] und unterdrückt auf diese Weise sein eigenes Volk. Das Bild, das hier vermittelt wird, thematisiert nicht nur den Kannibalismus, sondern auch die Massenvernichtung[445] in Abendwinds „Wurschtimperium“[446]. Die Kritik Nestroys, der die „europäischen Großmächte als ‚Menschenfresser' darstellt“[447], bekommt somit in Jelineks Stück, das aus der Perspektive der zweiten Hälfte des 20. Jahrhunderts geschrieben wurde, eine tiefere Bedeutung.

---

436 Ebenda.

437 Ebd.

438 Jelinek, *Präsident Abendwind*, S. 9.

439 Vgl. Perthold, a.a.O., S. 183.

440 Jelinek, *Präsident Abendwind*, S. 9.

441 Jelinek, *Präsident Abendwind*, S. 9.

442 Ebenda.

443 Vgl. Sabine Perthold: *Elfriede Jelineks dramatisches Werk. Theater jenseits konventioneller Gattungsbegriffe*. Wien: Dissertation der Universität Wien 1991, S. 182.

444 Ebenda.

445 Vgl. Alexandra Pontzen: Die Wiederkehr des Verdrängten im Akt der Lektüre. Zu Elfriede Jelineks *Das über Lager* (1989) und *Die Kinder der Toten* (1995). In: Inge Stephan [Hrsg.]: *NachBilder des Holocaust*. Köln-Wien u.a.: Böhlau 2007, S. 91-110, hier S. 96.

446 Jelinek, *Präsident Abendwind*, S. 9.

447 Perthold, a.a.O., S. 179.

Die ambivalente Beziehung Abendwinds zu den Bewohnern der von ihm regierten Insel drückt sich am besten in dessen Aussage aus: „Mir scheints, die wollen mich nicht. Dabei hab ich doch mein Volk zum Fressen gern! Ka Nacht kann i mehr schlafn, weil ich sinnieren tu, wie ich sie am besten einkochen kenntat."[448] Mit dem von Abendwind wörtlich verwendeten Idiom *einkochen* meint Jelinek, in Pertholds Interpretation, die in der Umgangssprache gängige Bedeutung des Wortes: „einer Person zu schmeicheln, um sie auf die eigene Seite zu bekommen"[449], also das zentrale Problem Abendwinds in der zitierten Aussage.
Der auf diese Weise politisch isolierte Abendwind antwortet auf die Bemerkung Apertuttos: „Wenn einen kein Mensch mehr versteht, des is national"[450] mit der Reposte: „Wenn man eine Kultur hat, die was ein jeder versteht, das is dann international. Hier bin ich und hier bleib ich. Hier freß ich und hier speib ich"[451], denn er lässt sich von niemandem abhalten; immerhin: „Gewählt ist gewählt!"[452] Als Abendwind nun doch zur Freude aller von dem weißen Bären aufgefressen wird, nimmt das Stück im Gegensatz zu Nestroys *Häuptling Abendwind* kein gutes Ende, als beide Häuptlinge als Zeichen der Versöhnung beschließen, kein Menschenfleisch mehr zu essen und Arthur, der Bräutigam singt: „Glück, wie gut bist du,/ Führst die Braut mir zu..."[453]; sondern alle Anwesenden freuen über das Ende der Regierung des einst gewählten Präsidenten und singen den Refrain aus Strauß' Operette „Die Fledermaus"[454]: „Glücklich ist, wer vergißt, was doch nicht zu ändern ist"[455]. Dieser Refrain wird als Kritik gegenüber der Politik Abendwinds von Jelinek weitergeführt: „Frißt die Braut/ ungeschaut/ frisst den Mann/ gleich ist an!/ Frißt alle Leut,/ ob dumm, ob gescheut!/ Schaun sich dann selber im Fernsehen an./ Nimmst mit Appetit dein Volk zum Fressen mit./ Sogar der arme Mann/ stolz wird Nahrung dann/ von an gwissen Herrn,/ der frisst Menschen gern./ Glücklich ist, wer vergißt/ was doch noch zu ändern ist..."[456]

---

448 Jelinek, *Präsident Abendwind*, S. 9.

449 Sabine Perthold: *Elfriede Jelineks dramatisches Werk. Theater jenseits konventioneller Gattungsbegriffe*. Wien: Dissertation der Universität Wien 1991, S. 183.

450 Jelinek, *Präsident Abendwind*, S. 18.

451 Ebenda.

452 Ebd.

453 Nestroy, *Häuptling Abendwind,* S. 74.

454 Vgl. Verena Mayer/Roland Koberg: *Elfriede Jelinek. Ein Porträt*. 1. Auflage, Reinbek bei Hamburg: Rowohlt Verlag 2006, S.145.

455 Jelinek, *Präsident Abendwind*, S. 20.

456 Jelinek, *Präsident Abendwind*, S. 20.

7.4. Das Verhältnis literarischer Figuren zu Realpersonen.

„Mit den beiden Oberkannibalen sind Kurt Waldheim und sein letzter politischer Freund Franz Josef Strauß gemeint.“[457]

Präsident Abendwind weist laut Mayer und Koberg eindeutig die Züge Kurt Waldheims auf.[458] Gulielmetti sieht in der Figur von Franz Josef Apertutto ebenfalls den Hinweis auf den ehemaligen bayrischen Ministerpräsidenten, der in seinem Lied „auf Bayrisch“[459] über sich selbst erzählt: „Dem Osten versprach ich a gute Partie,/ jetzt hat er geheiratet, doch: Ende nie!/ Ich brachte ihm ein paar fette Kredite,/ zum Lohn weil' ich nicht mehr in eurer Mitte.“[460] Hier lässt sich, neben der Ähnlichkeit der Namen - in *Präsident Abendwind* Franz Josef Apertutto - eine Beziehung zwischen der politischen Aktivität Straußens und Apertuttos herstellen, denn Strauß soll 1983 einen hohen Kredit an die DDR vermittelt haben.[461]

Wolfgang Huber-Lang deutet auf die realen Vorbilder der literarischen Figuren des Stücks, die sie „nicht verleugnen [können]“[462] und führt die Interpretation der mit der Inszenierung des Stücks in Innsbruck beauftragten Regisseurin an, es seien zahlreiche Parallelen zu der Person des damaligen FPÖ-Politikers Jörg Haider und „anderen rechtspopulistischen Führerfiguren des neuen Europa“[463] dem Inhalt des Stücks zu entnehmen.

Die Darstellung Präsident Abendwinds an der Seite seiner jungen Tochter Ottilie gab den Anlass zur Veröffentlichung eines Fotos Kurt Waldheims mit Tochter Christa in *Basta* im Mai 1988 mit einem als *Jelineks Waldheim-Drama. KURT W. Der Kannibale* betitelten Artikel, dem die eindeutige „Widmung“[464] des Dramoletts an Kurt Waldheim zu entnehmen ist.

Die Theaterregisseurin Eva Brenner unterstreicht die Mehrdimensionalität und Vielschichtigkeit in Jelineks Œuvre, die eine Identifikation der Stimmen ermöglichen, eine Nachvollziehung „konkret[...] identifizierbare[r] Quellen“[465]. Diese Identifizierbarkeit findet laut Brenner sowohl auf der Dialogebene statt, als auch auf der Bildebene und auf der Ebene der Personenbesetzung im Text.

---

457 Mayer/ Koberg, a.a.O., S.143f.

458 Vgl. Ebenda, S.141-143.

459 Jelinek, *Präsident Abendwind*, S. 15.

460 Jelinek, *Präsident Abendwind*, S. 15.

461 http://194.94.40.10/lemo/html/biografien/StraussFranzJosef/index.html [13.01.2008]

462 Wolfgang Huber-Lang: Elfriede Jelineks Theaterjahr. ZUM FRESSEN GERN. In: *Salto,* Wien, Nr. 46 vom 13.11.1992.

463 Ebenda.

464 Anonym.: Jelineks Waldheim-Drama. Kurt W. der Kannibale. In: *Basta,* Wien (Mai1988).

465 Eva Brenner im Gespräch mit Pia Janke: Elfriede Jelinek – Eine Autorin fürs Theater? In: Pia Janke [Hrsg.]: Elfriede Jelinek: „Ich will kein Theater.“ Mediale Überschreitungen. Wien: Praesens Verlag 2007, S. 178-195, hier S. 181.

7.5. Die Rezeption des Dramoletts.

Der Text wurde sowohl zur Gänze als auch in Teilen in verschiedenen Literaturzeitschriften abgedruckt. Er wurde im Theater aufgeführt und für das Radio als Hörspiel adaptiert.

Das Stück wurde zuerst 1988 in gekürzter Fassung in Herbert Wiesners *Antropophagen im Abendwind. Vier Theatertexte nach Johann Nepomuk Nestroys Häuptling Abendwind oder Das gräuliche Festmahl*, veröffentlicht. Darauf folgte 1993 ein Abdruck in der Zeitschrift für Literatur *Text und Kritik.* [466]

Darauf folgten weitere Abdrucke in der Literaturzeitschrift *Text + Kritik* 1993 und 1999 und im selben Jahr veröffentlichte man ebenfalls Fragmente im Internet.[467]

Darüber hinaus wurden in Sammelbänden, Aufsätzen, Literaturzeitschriften und Zeitungen auch Textfragmente veröffentlicht, das Werk erreichte jedoch keine große Auflage. So wurden Auszüge in *Die Leiche im Keller. Dokumente des Widerstandes gegen Dr. Kurt Waldheim* von Milo Dor und in *Österreich lesen* von Helmuth Eisendle publiziert, einige weitere auch unter dem Titel *Kurt W. der Kannibale* in der Zeitschrift *Basta* und Fragmente des dritten Aktes in *Das Schrumpfkopf-Mobile. Geschichten und Gedichte vom Fressen und Gefressenwerden*, herausgegeben von Günther Butkus und Karl Riha.[468]

7.5.1. Aufführungen und Pressemeldungen.

Die erste Inszenierung wurde mit der Premiere am 11.7.1987 im Literaturhaus Berlin dokumentiert und fand in Zusammenhang mit dem Theaterfest *Anthropophagen im Abendwind* statt. Die aus Laien-Schauspielern bestehende Theatergruppe *Café Metropol* inszenierte das Stück unter der Regie von Werner Gerber. Über die Aufführung schrieb Cornelia Köster in dem Feuilleton *Und wo war Nestroy? Theaterfest mit Jahrmarktsästhetik im Literaturhaus* für den Berliner *Tagesspiegel*: „Statt Abendwind streicht einem der Duft von Rostbratwürstchen um die Nase, Plastikbecher und Pappteller mit Ketchupklecksen zieren den Wiesengrund, und einige Gäste haben sich gar Proviant mitgebracht."[469] Ihrer Auffassung nach war die Paraphrase auf *Häuptling Abendwind* deshalb misslungen, da sie, obwohl sie zwar der Vorlage Nestroys folgt, jedoch nicht auf dessen sprachliche Nuancen eingeht und den in der Vorlage enthaltenen Witz nicht zum

---

466 Vgl. Angela Gulielmetti: „Häuptling Abendwind" und „Präsident Abendwind". Nestroy und Jelinek. In: Internationale Nestroy Gesellschaft (Hrsg.): *Nestroyana: Blätter der Internationalen Nestroy-Gesellschaft.* Bd. 17, Wien: Lehner Verlag 1997, S. 39-49, hier S. 39.

467 Vgl. Pia Janke: *Werkverzeichnis Elfriede Jelinek.* Wien: Edition Praesens 2004, S. 91.

468 Vgl. Pia Janke: *Werkverzeichnis Elfriede Jelinek.* Wien: Edition Praesens 2004, S. 91.

469 Cornelia Köster: Und wo war Nestroy? Theaterfest mit Jahrmarktsästhetik im Literaturhaus. In: *Tagesspiegel,* Berlin, (17.07.1987).

Ausdruck bringt[470] Dem folgend deutet sie Jelineks Figuren abwertend als „haltlose Schwadroneure, die hin und wieder eine Nestroy-Sentenz im Munde führen“[471].

Verena Mayer und Roland Koberg verweisen auf die – bis dato - einzige Aufführung von *Präsident Abendwind* in Österreich, die jedoch erst nach der Ära Waldheim stattfand.[472] Das Tiroler Landestheater in Innsbruck zeigte *Präsident Abendwind* 1992 dem österreichischen Publikum. Tatsächlich fällt auf, dass „zuAmtszeiten jenes Staatsoberhauptes, das wohl Anlaß war für Elfriede Jelineks Dramolett, [...] keine der Bühnen, die sich sonst so für Österreichs noch lebende Autoren engagieren, Präsident Abendwind auf[zu]führen [bereit war]“[473].

Viele Journalisten, die damit beauftragt waren, die Inszenierung zu kommentieren, erwähnten vor allem die bereits verflogene Aktualität des Stückes. So schrieb beispielsweise Irene Heisz, dass zwar das Publikum „brav [assoziiert], wenn [es] von krasser Vergeßlichkeit und einer ‚Kampain' hört – [...] sich [aber] den Rest der viel zu lang werdenden Zeit mit der Frage [beschäftigt], ob es denn keine aktuelleren Fragen gäbe“[474].

In dem vor der Aufführung in Innsbruck erschienenen Artikel *Elfriede Jelineks Theaterjahr* warnte Wolfgang Huber-Lang vor einem „weitere[m] skandalträchtige[n] Stück [...] das genußvoll Politiker zeigt, die ihre Basis zum Fressen gern haben“[475] und bezeichnete es als „Schlußpunkt eines wahren Jelinek-Jahres an österreichischen Theatern“[476] mit der Vorschau auf einen möglichen Boom in der folgenden Theatersaison. Dabei zitierte er die Aussage der Regisseurin, wonach es die Identifizierbarkeit der Figuren war, die zur „vornehme[n] Zurückhaltung der Bühnen in den letzten Jahren“[477] gegenüber einer Inszenierung in Österreich geführt haben soll.

Auch Ulrich Weinzierl schrieb in der *Frankfurter Allgemeinen Zeitung*, dass die späte Inszenierung in Österreich damit zusammengehängt haben mochte, dass sich „[k]einer von Österreichs tapferen Intendanten [...] mit der durchaus unlie-

---

470 Vgl. Cornelia Köster: Und wo war Nestroy? Theaterfest mit Jahrmarktsästhetik im Literaturhaus. In: *Tagesspiegel,* Berlin, (17.07.1987).

471 Ebenda.

472 Vgl. Verena Mayer/Roland Koberg: *Elfriede Jelinek. Ein Porträt.* 1. Auflage, Reinbek bei Hamburg: Rowohlt Verlag 2006, S.144.

473 Wolfgang Herles: Jelineks Waldheim-Satire spät, aber doch auf der Bühne. Gewählt ist gewählt. „Präsident Abendwind“ als kabarettistischer Ulk im Treibhaus Innsbruck. In: *Der Standard – Kultur* (23.11.1992), S. 9.

474 Irene Hesz: Dosengulasch bleibt Dosengulasch und schmeckt fad. In: *Tiroler Tageszeitung,* Innsbruck (23.11.1992).

475 Wolfgang Huber-Lang: Elfriede Jelineks Theaterjahr. ZUM FRESSEN GERN. In: *Salto,* Wien Nr. 46 vom 13.11.1992.

476 Ebenda.

477 Ebd.

benswürdigen Hommage an den gedächtnisschwachen Herrn der Hofburg die Finger verbrennen [wollte], solange dieser dort saß"[478].
Der *Kurier* schrieb vor der Premiere, „[d]er nächste Theaterskandal in Innsbruck [sei] programmiert"[479] und machte dafür „Elfriede Jelineks ‚Vergesslichkeits-Stück' um einen Haüptlings-Präsidenten"[480] verantwortlich, genauer gesagt die „'Jetzt erst recht'-Mentalität des Jahres 1986 bis 1992", die natürlich mit der eben 1992 zu Ende gegangenen Präsidentenperiode Kurt Waldheims verbunden wurde.
Die *Tiroler Tageszeitung* schrieb am Tag der Premiere: „Regisseurin Johanna Liebeneiner wird bei der heutigen Uraufführung im Innsbrucker Treibhaus den scharfen Blick der Jelinek durch Südseeidylle, Walzermelodien und blutige Wirklichkeiten führen."[481]
Nach der Premiere wurde der Text folgendermaßen kommentiert: „Der Inhalt bringt Politik und Politiker auf den simplen Nenner: fressen und gefressen werden"[482], denn der wahre Barbarismus versteckt sich laut Demel unter dem Deckmantel der Zivilisation.[483] Er untermauert seine Interpretation mit der Äußerung, dass in *Präsident Abendwind* „[p]olitische Tatbestände und Wahlkampfmechanismen, einschließlich Fernsehen, [...] provokativ verblödelt [worden wären], in betonter Naivität und volksdümmlicher[sic!] Sprache" und äußert die Annahme, dass das Publikum selbst erraten würde, um wen es sich in dieser Darstellung handelte.
Die Kritikerin der *Süddeutschen Zeitung,* Eva-Elisabeth Fischer, sieht in der Tätigkeit des „Verwürschtens"[484] den Bezug zu der in Österreich üblichen Redewendung „in die Würscht' geh[en]"[485], was bedeutet, dass „nicht mehr viel damit los"[486] ist. Ihrer Meinung nach handelt es sich in *Präsident Abendwind* hauptsächlich um „die notorische Amnesie eines österreichischen Bundespräsidenten sowie die Neigung der Alpenbewohner, ihr ‚Heimatl' rücksichtslos an die Touristen zu verscherbeln und gleichzeitig den Fremdenhaß weidlich zu kultivieren"[487], und meint resümierend: „Der Alpenrap ist los: Ottilie, im

---

478 Ulrich Weinzierl: Wo Waldheims Waden Zähne fanden. Kakanischer Kannibalismus von gestern: Elfriede Jelineks „Präsident Abendwind" uraufgeführt. In: Frankfurter Allgemeine Zeitung (29.11.1992).

479 Anonym: Mentha, Hübsch und Pleifer proben den Theater-Skandal. In: *Kurier*, 18.11.1992.

480 Ebenda.

481 Anonym: Kannibalenmärchen, sehr frei nach Johann Nestroy. In: *Tiroler Tageszeitung,* Innsbruck (20.11.1992), S. 6.

482 Helmut L. Demel: Guten Appetit! Elfriede-Jelinek-Uraufführung im Innsbrucker Treibhaus: „Präsident Abendwind". In: *Präsent,* Nr. 48 [26.11.1992).

483 Anonym: Kannibalenmärchen, sehr frei nach Johann Nestroy. In: *Tiroler Tageszeitung,* Innsbruck (20.11.1992), S. 6.

484 Eva-Elisabeth Fischer: Ab in die Würscht'. Jelineks „Präsident Abendwind" in Innsbruck uraufgeführt. In: *Süddeutsche Zeitung,* (27.11.1992).

485 Ebenda.

486 Ebd.

487 Ebd.

schweinchenrosa Miederkleid, schwingt Hintern und Stelzen; Papa mampft, blutrot im Smoking, ein eiskaltes Handerl dazu. Ein Stück geht in die Würscht'...“[488].

Weinzierl bezeichnet das Dramolett Jelineks als „eine Mischung aus Blödelei und bösem Blick, gewürzt mit Elementen von Groteske und Zeitkritik“[489], wogegen Winfried W. Linde von Produktion des Tiroler Landestheaters als von „ein[em] laue[n] Theaterlüfterl“[490] spricht.

Elke Vogt, von den *Vorarlberger Nachrichten*, sieht in den drei Hauptpersonen des Stücks Adolf Hitler (Abendwind), Hermann Göring (Hermann), und Benito Mussolini (Apertutto).[491] Der Bär hingegen stellt für sie den „alles verschlingende[n] ‚Bruder' Amerika“[492] dar.

7.5.2. Das Stück als Hörspiel.

Die Hörspielfassung von *Präsident Abendwind* entstand 1992 unter der Regie von Hans Gerd Krogmann, mit der Musik von Peter Zwetkoff, als Produktion des Bayerischen Rundfunks. Die Dauer des Hörspiels beträgt knappe 55 Minuten, wovon 22 Minuten von der Musikbegleitung in Anspruch genommen werden.[493]

Zum ersten Mal wurde es am 30.11.1992 im Radiosender *Bayern 2* gespielt, es fand jedoch auch später eine öffentliche Vorstellung während des Autorenwochenendes von 1995, unter der Organisation des Schauspielhauses Hamburg statt.[494]

Janke[495] verweist auf die große Ähnlichkeit des gedruckten Theatertextes und des Hörspiels, erwähnt jedoch die Erweiterung der Hörspielfassung um drei im Stil des Wienerliedes komponierten Liedtexte – das Lied von Ottilie zu Beginn des Werkes, das Lied von Ottilie und Hermann im *Zwischenspiel* und das Lied von Apertutto im dritten Akt. Weiters nennt sie die Beibehaltung der Regieanweisungen aus dem Theatertext für das Hörspiel und die Teilnahme Elfriede Jelineks an der Aufnahme des Hörspiels, in der Rolle der die Regieanweisungen

488 Eva-Elisabeth Fischer: Ab in die Würscht'. Jelineks „Präsident Abendwind“ in Innsbruck uraufgeführt. In: *Süddeutsche Zeitung,* (27.11.1992).

489 Ulrich Weinzierl: Wo Waldheims Waden Zähne fanden. Kakanischer Kannibalismus von gestern: Elfriede Jelineks „Präsident Abendwind“ uraufgeführt. In: *Frankfurter Allgemeine Zeitung* (29.11.1992).

490 Winfried W. Linde: Wo bleibt das echte Theater? Menschenfresser-Präsident „Abendwind“: Bühnenlüfterl, das einschläfert. In: *Kurier,* Wien (22.11.1992)

491 Elke Vogt: Frischer „Abendwind?“ – Jelinek-Uraufführung. In: *Vorarlberger Nachrichten*, Bregenz (23.11.1992).

492 Ebenda.

493 Vgl. Pia Janke: *Werkverzeichnis Elfriede Jelinek.* Wien: Edition Praesens 2004, S. 163.

494 Pia Janke: *Werkverzeichnis Elfriede Jelinek.* Wien: Edition Praesens 2004, S. 163.

495 Ebenda.

lesenden Reporterin.Im österreichischen Rundfunk war das Hörspiel zum ersten Mal im Juni 1993 auf *Ö1* zu hören.

8. *Heldenplatz* (1988).

Das Theaterstück *Heldenplatz* war, ähnlich wie Jelineks *Präsident Abendwind,* ein Auftragswerk. Thomas Bernhard wurde im Zusammenhang mit dem 50. Jahrestag des Anschlusses Österreichs an das Nazideutschland und dem auf 1988 angesetzten Bedenkjahr von dem damaligen Intendanten des Burgtheaters, dem Bochumer Theaterregisseur Claus Peymann, gebeten, ein Theaterstück: „...über diesen Anschluß und über das heutige [aus der heutigen Perspektive - damalige] Denken...“[496] zu verfassen. Peymann, der 1986 die Intendanz des Burgtheaters übernommen hatte, war bereits seit Jahren mit Thomas Bernhard auf beruflichen Wegen verbunden; er hatte die meisten Uraufführungen der Theaterstücke Bernhards inszeniert, und es verband ihn auch eine langjährige Freundschaft mit dem Autor.[497]

Peymann erinnerte sich, dass Bernhards Interesse an dem Vorschlag zuerst nicht besonders groß war, dass er jedoch Anfang 1988 „völlig überraschend“[498] den Textvorschlag lieferte.

8.1. Historischer Kontext des Textes.

Am 15. März 1938 wurde Adolf Hitler von den Österreichern im Zusammenhang mit dem *Anschluss*, „d.h. [der] Okkupation des Landes durch die Truppen des Deutschen Reiches“[499] am Heldenplatz gefeiert. Laut Hitler marschierten am Morgen des 12.März. 1938 infolge des Anschlusses

> über alle Grenzen Deutschösterreichs die Soldaten der Deutschen Wehrmacht. Panzertruppen, Infanteriedivisionen und die SS-Verbände auf der Erde und die deutsche Luftwaffe im blauen Himmel [sollten], selbst gerufen von der neuen nationalsozialistischen Regierung in Wien, der Garant dafür sein, daß dem österreichischen Volk nunmehr in kürzester Frist die Möglichkeit geboten [werden sollte], durch eine wirkliche Volksabstimmung seine Zukunft und damit sein Schicksal zu gestalten[500].

Die von Hitler am Heldenplatz gehaltene Rede wurde von tausenden Wienern jubelnd entgegengenommen. Auf die Worte Hitlers:

---

496 Zitat nach: Oliver Bentz: *Thomas Bernhard- Dichtung als Skandal*. Würzburg: Verlag Königshausen & Neumann 2000, S. 16.

497 Vgl. URL: http://www.wienerzeitung.at/linkmap/personen/bernhard.htm [25.01.2008].

498 Zitat nach: Bentz, a.a.O., S. 16

499 Ferdinand van Ingen: *Thomas Bernhard. Heldenplatz. Grundlagen und Gedanken zum Verständnis des Dramas*. 1. Auflage, Frankfurt am Main: Verlag Moritz Diesterweg 1996, S. 5-21, hier S. 6

500 Zitat nach: Ebenda.

> Ich proklamiere nunmehr für dieses Land seine neue Mission. Sie entspricht dem Gebot, das einst die deutschen Siedler aus allen Gauen des alten Reichs hierhergerufen hat. Die älteste Ostmark des deutschen Volkes soll von nun an das jüngste Bollwerk der deutschen Nation und damit des Deutschen Reiches sein[501]

folgten „[b]rausende Sieg-Heil-Rufe“[502], so kommentierte die Reaktionen das *Neue Wiener Tagblatt* am 15. März.1938.
Der Aspekt des euphorischen Empfanges Hitlers am Heldenplatz, der Mitverantwortung der Österreicher an dem Anschluss an Nazideutschland und, infolge dessen, an den Verbrechen des Nationalsozialismus „wurde in der Nachkriegszeit geflissentlich heruntergespielt, und zwar zugunsten einer ‚Opfer-These'“[503]. Ferdinand van Ingen weist jedoch auf die Bemühungen zahlreicher österreichischer Historiker, Politiker und Schriftsteller um die, wenn auch späte, Bewältigung der Vergangenheit. Trotzdem verharrte noch lange Zeit im Bewusstsein der österreichischen Bevölkerung die Tendenz, die Vergangenheit durch Schweigen und Vergessen ruhen zu lassen, eine Tendenz, die von van Ingen als *kollektives Vergessen* bezeichnet wurde. Auf diese Weise wurde die Mitschuld Österreichs bagatellisiert. Van Ingen interpretiert die Opfer-These vielmehr als eine Gleichstellung der Österreicher mit den jüdischen Opfern des Holocausts und, was in unmittelbarer Verbindung dazu steht, eine Relativierung des nationalsozialistischen Verbrechens.[504]
Im Zusammenhang mit der öffentlichen Diskussion um den Wahlsieg Kurt Waldheims, wurde das Jahr 1988 als fünfzigster Jahrestag des Anschlusses Österreichs an das Dritte Reich zum Gedenkjahr der Opfer des Nationalsozialismus bestimmt.[505]
Van Ingen zitiert die von Gerhard Botz durchgeführte Analyse der damaligen Stellung der Bevölkerung zu der Person Präsident Waldheims: „Obwohl er kein ideologischer Nazi war und auch kein Kriegsverbrecher genannt werden kann, ist Waldheim ein Symbol des Verdrängens, Verleugnens, Verharmlosens des Mitwirkens so vieler Österreicher am NS-Regime geworden“[506]. In diesen Zusammenhang ordnet er Bernhards Stück ein, wobei er unterstreicht, dass Heldenplatz im Kontext des Bedenkjahres 1988 noch zusätzlich an Aktualität gewann.[507]

---

501 Zitat nach: Ferdinand van Ingen: *Thomas Bernhard. Heldenplatz. Grundlagen und Gedanken zum Verständnis des Dramas*. 1. Auflage, Frankfurt am Main: Verlag Moritz Diesterweg 1996, S. 5-21, hier S. 7.

502 Ebenda, S. 6

503 Ebenda, S. 7.

504 Vgl. Ebenda S. 7-22.

505 Vgl. Oliver Bentz: *Thomas Bernhard- Dichtung als Skandal.* Würzburg: Verlag Königshausen & Neumann 2000, S. 15.

506 van Ingen, a.a.O., S. 20.

507 Vgl. Ebenda, S. 20

8.1.1. Das Bedenkjahr 1988.

Die offiziellen Feierlichkeiten des Bedenkjahres fanden im März 1988 statt.[508] Unter anderen hielt der damalige Bundespräsident, Kurt Waldheim, eine Ansprache im Fernsehen, in der er daran erinnerte, dass man für Österreich zwar keine Kollektivschuld aussprechen konnte, dass jedoch viele Österreicher an den Verbrechen Nazideutschlands beteiligt gewesen waren.[509]
Dirk Jürgens zeigt jedoch auf die ambivalente Interpretation des Jahres 1988, denn parallel zu den Diskussionen um den Anschluss 1938 und dem offiziellen Gedenken der Opfer des Nationalsozialismus soll der Anschluss Österreichs an das Nazideutschland

> im offiziellen Geschichtsbild der rechtsliberalen FPÖ in der Tradition der deutschen Einheitsbestrebungen, als Erfüllung dessen [gegolten haben], wofür, 1848 die Wiener Bürger, Arbeiter und Studenten (…) im Kampf gegen die fürstliche Reaktion' ‚geblutet' hatten[510]

wie man den *Kärntner Nachrichten* am 11. Februar 1988 entnehmen konnte. Jedoch die Information von der Tatsache, dass diese „Erfüllung" der Geschichte durch Hitler „der Schritt in den Untergang aller Ideen und aller Ideale [war], [und] die Vorstufe zu einem verbrecherischen Eroberungs- und Vernichtungskrieg"[511], blieb in diesem Bericht aus.
Ferdinand van Ingen zitiert die Ergebnisse einer Befragung des österreichischen Gallup-Instituts zu den „Antisemitischen Einstellungen der österreichischen Bevölkerung"[512] von 1986, die so lauteten: „Insgesamt 7 Prozent der Österreicher haben deutliche Abneigungsgefühle gegenüber den Juden"[513], und mit einem „beruhigenden" Kommentar versetzt wurden: „Dieses Niveau des Antisemitismus liegt jedoch keineswegs höher als in anderen Demokratien mit jüdischen Minderheiten."[514] Jürgens sieht in Bernhards Text die Äußerung des Unmuts des Autors, dass nach Kriegsende kein Österreicher am Heldenplatz gestanden haben wollte und dass 1988, fünfzig Jahre nach der Rede Hitlers am Heldenplatz, „ein ehemaliger Angehöriger der Wehrmacht und mutmaßlicher Kriegsverbrecher als Staatsoberhaupt in der Hofburg residierte und ein rechtsra-

---

508 Vgl. Ferdinand van Ingen: *Thomas Bernhard. Heldenplatz. Grundlagen und Gedanken zum Verständnis des Dramas*. 1. Auflage, Frankfurt am Main: Verlag Moritz Diesterweg 1996, S. 5-21, hier S. 18-21.

509 Vgl. URL: http://derstandard.at/?url=/?id=2921054 [03.02.2008]

510 Dirk Jürgens: Das Theater Thomas Bernhards. In: Herbert Kraft (Hrsg.): *Historisch-Kritische Arbeiten zur deutschen Literatur.* Band 28, Frankfurt am Main: Peter Lang Verlag- Europäischer Verlag der Wissenschaften 1999, S. 119-234, hier S. 178.

511 Ebenda.

512 van Ingen, a.a.O., S. 19.

513 Ebenda.

514 Zitat nach: Ebenda, S. 19.

dikaler Politiker von Wahlerfolg zu Wahlerfolg durch die österreichischen Bundesländer zog"[515].
Brigitte Felderer schildert die Atmosphäre dieses Frühjahres hingegen folgendermaßen:

> Alles schien sich beruhigt zu haben: der Präsident allein in der Hofburg, die Feierlichkeiten – ohne größeren Aufhebens – vorbei. Waldheim war plötzlich kein heißes Thema mehr. Welche atmosphärische Tragweise die gesamte Waldheim-Affäre und vor allem die Berichterstattung in Wirklichkeit gehabt hatten, zeigte sich jedoch wenige Monate später.[516]

In diesem Sinne lässt sich sagen, dass das Werk Bernhards im Herbst 1988 eine mehrfache Bedeutung hatte: „Es war zum Anlaß der 50. Wiederkehr des ‚Anschlusses' ein aktuelles Stück, im Bedenkjahr 1988 wuchs ihm unversehens infolge der Erregung um die Person des Bundespräsidenten (im Februar Aufruf von namhaften Autoren ‚für den Rücktritt Waldheims') eine doppelte Aktualität zu."[517]

8.1.2. Das Jubiläum des Burgtheaters.

Das Bendenkjahr 1988 fiel mit dem 100. Jahrestag des Bestehens des Neuen Burgtheaters zusammen.
Das Stück, mit dessen Uraufführung am 14. Oktober der Burgtheaterdirektor, Claus Peymann, dieses Jubiläum feiern wollte, entstand zwischen Herbst 1987, als Peymann sich mit dem Vorschlag an Thomas Bernhard wandte, und dem Frühjahr 1988[518], als dieser die erste Fassung von *Heldenplatz* übergab. Seit diesem Zeitpunkt unternahm er nur kleine Veränderungen im Text, genau gesagt, wie er selbst meinte, soll er „es noch verschärft"[519] haben.
Viele Journalisten stellten sich offen die Frage, was Claus Peymann dazu bewegt haben konnte, für das hundertjährige Jubiläum des Burgtheaters ausgerechnet Thomas Bernhard damit zu beauftragen, ein Stück speziell für diesen Anlass zu verfassen. So meinte Sigrid Löffler im Magazin *Profil*, dass der „Text

---

515 Dirk Jürgens: Das Theater Thomas Bernhards. In: Herbert Kraft (Hrsg.): *Historisch-Kritische Arbeiten zur deutschen Literatur.* Band 28, Frankfurt am Main: Peter Lang Verlag- Europäischer Verlag der Wissenschaften 1999, S. 119-234, hier S. 179.

516 Zitat nach: Oliver Bentz: *Thomas Bernhard- Dichtung als Skandal*. Würzburg: Verlag Königshausen & Neumann 2000, S. 15.

517 Ferdinand van Ingen: *Thomas Bernhard. Heldenplatz. Grundlagen und Gedanken zum Verständnis des Dramas*. 1. Auflage, Frankfurt am Main: Verlag Moritz Diesterweg 1996, S. 5-21, hier S. 20.

518 Vgl. Bentz, a.a.O., S. 16.

519 Conny Bischofberger/ Heinz Sichrovsly: Der letzte Akt. In: Sepp Dreisinger [Hrsg.]: *Von einer Katastrophe in die andere. 13 Gespräche mit Thomas Bernhard.* Weitra: Verlag publication PN° 1 1992, S. 154-158, hier S. 155.

keinerlei Sensationen, sondern nur wohlbekannte und oft gehörte Echos früherer bernhardscher Schimpftiraden gegen Nazis, Sozis und ‚die geist- und kulturlose Kloake' Namens Österreich“[520] enthalte.
Tatsächlich kam es zu dem geplanten Termin nicht zur Premiere, da einige Schauspieler aus der Inszenierung ausschieden. Das Jubiläum am 14. Oktober wurde mit dem Shakespeare-Drama *Der Sturm* gefeiert und die Premiere von *Heldenplatz* musste man auf den 4. November verlegen.[521]
Auf einen der Uraufführung von *Heldenplatz* vorangehenden Riesenskandal folgten sowohl eine überaus ruhige Premiere als auch eine ebenso skandallose Berichtserstattung während der nachfolgenden Tage.[522] Die „Affäre“ um die so genannte *Causa Heldenplatz* versetzte die eigentliche Jubiläumsfeier des Burgtheaters am 14. Oktober in den Schatten. Hier drängt sich die Aussage Professor Roberts, einer zentralen Figur des Dramas, auf: „Was diesem armen unmündigen Volk geblieben ist/ ist nichts als das Theater/ Österreich selbst ist eine Bühne“[523], oder die Aussage Sigrid Löfflers „Ganz Österreich ist die Bühne, alle Österreicher sind Komparsen, die Hauptdarsteller sitzen in der Hofburg und am Ballhausplatz, in den Zeitungsredaktionen und in den Parteizentralen. Das Publikum aber ist die ganze Welt“[524]. Durch die Inszenierung Peymanns kam es also, wenn man diesem Gedankenstrang folgen würde, zu einer Feier des Jubiläums im wahrhaftig Bernhardschen Sinne. In diesem Zusammenhang war auch die Äußerung Professor Roberts aus *Heldenplatz* von großer Bedeutung für die Rezeption des Stückes : „Ich strenge mich nicht an/ aber ab und zu gestatte ich mir doch eine Erregung/ damit ihr nicht glaubt/ ich bin schon tot.“[525]

8.2. Der Text.

Heldenplatz ist ein abendfüllendes Theaterstück.[526] Es ist in drei Szenen aufgeteilt, von denen die erste und die dritte im Inneren einer Wiener Wohnung mit Blick auf den Heldenplatz, gegenüber der Hofburg, spielen; und die zweite im Volksgarten, dem an den Heldenplatz angrenzenden Park.
In der ersten Szene kommen zwei Bedienstete des verstorbenen Professor Josef Schusters zu sprechen. Diese machen in einzelnen Bildern einen biografischen Überblick über das Leben des Professors und dessen Familie. Die zweite Szene

520 Sigrid Löffler: Farce. Tobsuchtsanfall. Weltblamage. In: *Profil.* Wien (01.08.1988).
521 Vgl. Dieter Kindermann: Burg in schwerer Krise: Direktion führt ihre Aufgaben fahrlässig“ In: *Neue Kronen Zeitung*. Wien (13.10.2008).
522 Vgl. Burgtheater Wien (Hrsg.): *Heldenplatz. Eine Dokumentation*. Wien (13. Jänner 1989)
523 Bernhard, *Heldenplatz,* S. 89.
524 Sigrid Löffler: Farce. Tobsuchtsanfall. Weltblamage. In: *Profil.* Wien (01.08.1988).
525 Bernhard, *Heldenplatz,* S. 89.
526 Vgl.: Peter Baldinger: „Heldenplatz“-Premiere verlief ohne Skandale! In: *Neue Kronen Zeitung*. Wien (05.11.1988).

gestalten die engsten Angehörigen des verstorbenen Professors, sein Bruder und seine zwei Töchter, die sich außerhalb der Wohnung ebenfalls über den Professor unterhalten, jedoch gleichzeitig viele Eindrücke zur aktuellen politischen und gesellschaftlichen Lage in Österreich vermitteln. Die dritte Szene spielt wieder im Inneren der Wohnung des Professors, in der alle Figuren, auch neu hinzugekommene, die Ehefrau, einige wenige Freunde und Bekannte des Verstorbenen, die sich zum letzten Mal in der Wohnung am Heldenplatz zum Leichenschmaus zusammenfinden.
Seit der Uraufführung des Stückes am 4. November 1988 im Wiener Burgtheater, wurde *Heldenplatz* in mehrere Sprachen übersetzt und auf Bühnen in ganz Europa inszeniert.[527]

8.2.1. Die Bedeutung des Titels.

Thomas Bernhard hat bei der Wahl des Titels für sein, zum Bedenkjahr 1988 verfasstes Stück, ganz explizit auf den Wiener Heldenplatz verwiesen, der mit dem Ereignis des „Anschlusses" Österreichs an das Nazideutschland in Zusammenhang gebracht wird, den Hitler im März 1938 eben dort verkündete.[528]
Der Titel ruft die Begeisterung der Bewohner Wiens in Erinnerung, mit der Hitler am Heldenplatz 1938 empfangen wurde. Die unmittelbare Präsenz der Ereignisse von damals wird nicht nur durch die Gespräche der Personen des Dramas vermittelt, sondern ebenso durch die „Geräusche vom Heldenplatz, und zwar jene Schreie der Massen"[529], die die Frau des Professors sogar 1988 noch vernimmt, in der Burgtheater-Inszenierung, Originalaufnahmen vom Tonband.
Der eigentliche Name des Heldenplatzes geht auf die Reiterdenkmäler zurück, mit denen die Siege von Prinz Eugen über die Türken bei Zenta von 1697 und der Sieg von Erzherzog Carl über Napoleon in der Schlacht bei Aspern von 1809 in Erinnerung erhalten bleiben sollten.[530] Im Laufe des 19. Jahrhunderts wurde der architektonische Komplex mit der Hofburg ein Symbol für die Größe der k. u. k. Monarchie. Mit dem *Anschluss* Österreichs „war der Heldenplatz vollends zu einer nationalsozialistischen Metapher geworden, die ‚Erbe' und ‚Gegenwart' Österreichs auf das Deutsche Reich verpflichtete"[531].
Der Heldenplatz hat somit eine mehrfache Besetzung. Er ist fiktiver Ort der Handlung, Mahnmal im Angesicht des Nationalsozialismus, Symbol der öster-

527 Vgl. Jens Dittmar: *Sehr gescherte Reaktionen. Leserbrief-Schlachten um Thomas Bernhard.* Wien: Verlag Edition S 1993, S. 182-207, hier S. 184.
528 Vgl. Oliver Bentz: *Thomas Bernhard- Dichtung als Skandal.* Würzburg: Verlag Königshausen & Neumann 2000, S. 17.
529 Ebenda, S. 16.
530 Vgl. URL: http://www.suf.at/wien/ringstr/heldenplatz.htm [04.02.2008]
531 Ferdinand van Ingen: *Thomas Bernhard. Heldenplatz. Grundlagen und Gedanken zum Verständnis des Dramas.* 1. Auflage, Frankfurt am Main: Verlag Moritz Diesterweg 1996, S. 6.

reichischen Kultur als Standort des Burgtheaters und zugleich auch Spielort des Theaterstücks selbst. Es erfolgt dadurch eine Verschränkung der realen und fiktiven, der ästhetischen, Ebene.[532]
Thorsten Themann deutet den Titel als einen Hinweis auf das Kunstprogramm Thomas Bernhards: die „totale[...] Vermischung der Kunst mit dem Leben und des Lebens mit der Kunst“[533].

8.2.2. Inhaltliche Aspekte.

Die Handlung von *Heldenplatz* konzentriert sich auf der Person eines verstorbenen Universitätsprofessors jüdischer Herkunft, der 1938 vor der Nazi-Verfolgung nach Oxford ausgewandert ist und erst fünfzig Jahre später, also 1988, nach Wien zurückkehrte. Nach seiner Rückkehr nach Wien beging er jedoch Selbstmord und ließ seine Angehörigen in der Wohnung am Heldenplatz, aus deren Fenster er den Todessturz begangen hatte, zurück. Die rückblickenden Gespräche der Figuren führen den Leser und Zuschauer zu den verschiedenen Aspekten der politischen Ereignisse von 1938, der Kriegsjahre, der Nachkriegszeit und des Lebens im Exil - vor allem aber zu der politischen und gesellschaftlichen Situation in Österreich der späten achtziger Jahre.

8.2.2.1. Verweise auf geschichtliche Ereignisse.

Thomas Bernhard schafft es, in seinem Stück mit der Erzählzeit eines Nachmittags zwischen dem Begräbnis Professor Josef Schusters und dem Leichenschmaus in dessen Wohnung eine Zeitspanne von 50 Jahren erzählter Zeit einzubringen, von 1938 bis 1988.[534] Wenn beispielsweise Professor Robert pauschalisierend sagt, „in den letzten fünfzig Jahren h[ätten] die Regierenden/ alles zerstört“[535], dann resümiert er in einem Satz sowohl die Ereignisse von 1938, als auch die Jahre des Zweiten Weltkriegs und die Nachkriegszeit bis zur unmittelbaren Gegenwart des Stücks. Er geht jedoch auch an verschiedenen Stellen detailliert auf die Probleme ein, die er zuerst nur allgemein in den Raum stellt, auf diese Weise steigert sich die Gesellschaftskritik. So meint er in einer weiteren monologischen Aussage: „[W]as die Sozialisten hier in Österreich aufführen/ ist ja nichts als verbrecherisch/ aber die Sozialisten sind ja keine Sozialisten mehr/ die Sozialisten heute sind im Grunde nichts anderes als katholische Nati-

---

532 Vgl. Thorsten Themann: *Thomas Bernhard. Heldenplatz*. 1. Auflage, München-Stuttgart-Düsseldorf: Oldenburg Schulbuchverlag GmbH 2004, S. 23.

533 Ebenda.

534 Vgl. Ferdinand van Ingen: *Thomas Bernhard. Heldenplatz. Grundlagen und Gedanken zum Verständnis des Dramas*. 1. Auflage, Frankfurt am Main: Verlag Moritz Diesterweg 1996, S. 20

535 Bernhard, *Heldenplatz*, S. 87.

onalsozialisten"[536], um etwas später viel weiter zurückzublicken: „[D]as ist noch der Wintermantel/ von eurem Großvater/ damit ist euer Großvater schon in Rußland gewesen/ neunzehnhundertzweiundzwanzig man denke/ *schaut auf das Burgtheater im Hintergrund*/ Jede Epoche ist eine entsetzliche"[537].
Die zwischen diesen zwei so signifikanten Jahreszahlen liegenden Ereignisse werden nicht nacheinander, als Konsequenzen des Vorangegangenen, erwähnt, sondern bilden ein Netz an Informationen, das der Rezipient den Dialogen des Stückes entnehmen muss. Auf diese Weise ergänzen sich die von der Haushälterin, Frau Zittel, in der ersten Szene übermittelten Informationen in dem Gespräch zwischen dem Bruder des Verstorbenen, Professor Robert und seinen zwei Nichten in der zweiten Szene und werden in dem Tischgespräch, in der dritten Szene, noch geklärt, bis sie sich schließlich zu einem die gesellschaftlichen Missstände Österreichs aufzeigenden Ganzen entwickeln.[538]
Gleichzeitig gedenkt Thomas Bernhard in seinem Stück derjenigen, „deren Tod sowohl 1938 als auch 1988 durch die (zuletzt öffentlich tabuisierte) nationalsozialistische Geschichte Österreichs verursacht wurde. Eine Erinnerung, die noch dazu metonymisch an das topographische alte und neue Machtzentrum der Hauptstadt Wien gekettet ist – den Heldenplatz"[539].
So vermutet Professor Robert in Bezug auf die Judenfeindlichkeit in Österreich: „[A]m liebsten würden sie/ wenn sie ehrlich sind/ uns auch heute genauso wie vor fünfzig Jahren vergasen"[540] und in Bezug auf die gegenwärtige Situation sagt er noch zu seiner Nichte Anna, die kommentiert, er würde übertreiben: „Das sagst du die jeden Tag selbst erleben muß/ wie die Wiener wirklich sind/ das sagst du die erst vor vierzehn Tagen bespuckt wurde"[541].

8.2.2.2. Die Hauptfiguren des Stückes.

Bernhard bedient sich in *Heldenplatz* der Technik der *anwesenden Abwesenheit*, mit der er die zentrale Figur, den toten Professor Josef Schuster, durch den Mund anderer, im wörtlichen Zitat, sprechen lässt.[542] Auf diese Weise erzeugt er die „subjektlose, tote und tödliche Sprache"[543] eines Toten, der durch seine Abwesenheit die Anwesenden verbindet.

---

536 Bernhard, *Heldenplatz*, S. 87.
537 Ebenda, S. 101.
538 Vgl. Jan Süselbeck: *Das Gelächter der Atheisten. Zeitkritik bei Arno Schmidt & Thomas Bernhard.* Frankfurt am Main-Basel: Stroemfeld Verlag 2006, S. 483.
539 Ebenda.
540 Bernhard, *Heldenplatz*, S. 115.
541 Ebenda, S. 112.
542 Vgl. Süselbeck, a.a.O., S. 483.
543 Ulrich Dronske: Helden platzen. Zwei Inszenierungsvorschläge zu Bernhards *Heldenplatz*. In: Martin Huber/Manfred Mittermayer/Wendelin Schmidt-Dengler/Lacko Vi-

Bentz nennt Bernhard den „Meister monomanischer Monologe“[544] und verweist dabei auf die Figur von Professor Robert, eines „paranoische[n] Monologisierer[s]“[545], dessen Darstellung in der zweiten Szene er den „großen Nummern barocker Opern“ angleicht. Er meint damit die Situierung der Bernhardschen Figuren in einer von ihnen verhassten Wirklichkeit, an die sie jedoch gebunden sind und dadurch in einem Widerspruch zu der sie umgebenden Welt leben.[546]
Laut Thorsten Themann[547] gibt es in *Heldenplatz* zwei Formen der Personenkonstellation, einerseits die in Bezug auf die Familiengeschichte, andererseits die in Verbindung mit den Monologen der *Geistesmenschen* des Stückes, also alternder Künstler oder Pseudo-Künstler.
In der Kunstfigur Professor Robert sieht Bentz[548] einen aus anderen Figuren Bernhards weiterentwickelten Helden, der durch den Effekt der Verfremdung ironisch dargestellte Züge des Autors trägt. So könnte man zum Beispiel das Monologisieren mit der Krankheit Bernhards und dem steten Wunsch des „Sprechendürfens“[549] in Beziehung bringen. Bentz interpretiert den „Komplex der Todessehnsucht, der Selbstmordgedanken, des physischen und psychischen Verfalls [sowohl Professor Josefs als auch Professor Roberts], der stets vergeblichen Sehnsucht nach Rettung in der Geisteswelt, im Theater, der Literatur und der Musik“[550] ebenfalls als einen autobiographischen Hinweis, vor allem in Bezug auf Bernhards Großvater, Johannes Freumbichler, der sich laut Höller[551], wie im biografischen Teil erwähnt, seine Umgebung völlig unterordnete.
Thorsten Themann[552] sieht in der kargen Handlung des Stückes, die durch stets anhaltende, die Ereignisse rekonstruierende, Monologe oder Gespräche geleitet wird, eine eindeutige Anknüpfung Bernhards an das *epische Theater* Brechts.
Im Kontrast zu anderen Figuren des Stückes steht laut Ulrich Dronske[553] die Figur der Gattin Professor Josef Schusters, die nicht nur äußerlich, sondern auch innerlich von den Anderen isoliert ist. Durch die Darstellung der „patriarchalischen Sprach-Gewalt“[554] seitens ihres verstorbenen Ehemannes, aber auch sei-

---

dulić (Hrsg.): *Thomas Bernhard Jahrbuch 2004*. Wien u.a.: Böhlau Verlag 2004, S. 155-161, hier S. 159.

544 Oliver Bentz: *Thomas Bernhard- Dichtung als Skandal*. Würzburg: Verlag Königshausen & Neumann 2000, S. 17.

545 Ebenda.

546 Vgl. Ebenda.

547 Vgl. Thorsten Themann: *Thomas Bernhard. Heldenplatz*. 1. Auflage, München-Stuttgart-Düsseldorf: Oldenburg Schulbuchverlag GmbH 2004, S. 23.

548 Vgl. Bentz, a.a.O., S. 17.

549 Jelinek, *Der Einzige und wir, sein Eigentum*, S. 42.

550 Vgl. Bentz, a.a.O., S. 17f.

551 Vgl. Hans Höller: *Thomas Bernhard*. Reinbek bei Hamburg: Rowohlt Taschenbuch Verlag 1993, S. 40-41.

552 Vgl. Themann, a.a.O., S.16.

553 Vgl. Ulrich Dronske: Helden platzen. Zwei Inszenierungsvorschläge zu Bernhards „Heldenplatz“. In: Martin Huber/Manfred Mittermayer/Wendelin Schmidt-Dengler, /Lacko Vidulić (Hrsg.): Thomas Bernhard Jahrbuch 2004. Wien u.a.: Böhlau Verlag 2004, S. 155-161, hier, S. 159-161.

554 Vgl. Ebenda, S. 159-161.

tens ihrer Angehörigen, die diejenigen, die an dieser Gewalt nicht Teil haben, zum Schweigen zwingt, wird die Ausgrenzung von Frau Schuster vermittelt. Durch diese partielle Isolation, durch die erfahrenen „Zurücksetzungen, Missachtungen, Beleidigungen und Unterwerfungen“[555] wird sie für die Geräusche vom Heldenplatz sensibilisiert; die „faschistische Geräuschkulisse“[556] ist jedoch, in Dronskes Interpretation, nicht der primäre Grund für ihre Ausgrenzung. Die deutliche Schwäche der Figur der Ehefrau gegenüber dem verstorbenen Gatten lässt sich mit der Theorie Höllers über die immer wiederkehrende Darstellung der schwachen Ehefrau eines dominanten *Geistesmenschen* verknüpfen, die ebenso auf das Bernhard in der Kindheit vermittelte Rollenbild der Großeltern zurückgeht, das sich in seinem Œuvre zu einem Topos entwickelt hat.[557]
Als das „Geschrei vom Heldenplatz [mit der Zeit] auch bei geschlossenen Jalousien mehr und mehr an[schwillt]“[558], bemerken es die anderen Figuren des Dramas überhaupt nicht, sie scheinen sich in einer anderen Realität, in einer anderen Dimension, zu befinden. Auf diese Weise wird eine unausgesprochene Beziehung zwischen der Gattin des verstorbenen Professors und dem Publikum hergestellt. Das Publikum wird in die Gefühlswelt dieser Figur miteinbezogen. So führt die Empfindung von Fremdheit und Verständnislosigkeit unter den einzelnen Familienmitgliedern dazu, dass diese erst dann „erschrocken“[559] reagieren, als „Frau Professor Schuster [tot] mit dem Gesicht voraus auf die Tischplatte [fällt]“[560].
Dronske[561] hat zahlreiche intertextuelle Anknüpfungen zu anderen Bernhardschen Texten, besonders in Bezug auf die Figuren, aufgelistet und sieht in dieser Intertextualität den Beweis für seine These, dass „alle großen Künstler ‚nur an ein[em] einzig[en] Werk’ [...] schaffen, indem sie es unablässig variieren und sich selbst unablässig zitieren“[562]. So vergleicht er die Figur Professor Josef Schusters mit dem Chemiker Hollensteiner aus dem Prosatext *Gehen*. In der Figur der Ehefrau des Verstorbenen erkennt er eindeutige Züge des Krüppels Boris aus *Ein Fest für Boris*, besonders in Hinblick auf das Ende der beiden Dramen und auf die Rolle der Figuren innerhalb der Tischgesellschaft. In allen *Geistesmenschen*, also sowohl in Josef als auch in Robert Schuster, die tyranni-

---

555 Ulrich Dronske: Helden platzen. Zwei Inszenierungsvorschläge zu Bernhards „Heldenplatz“. In: Martin Huber/Manfred Mittermayer/Wendelin Schmidt-Dengler, /Lacko Vidulić (Hrsg.): Thomas Bernhard Jahrbuch 2004. Wien u.a.: Böhlau Verlag 2004, S. 155-161, hier S. 159.
556 Ebenda, S. 160.
557 Hans Höller: *Thomas Bernhard*. Reinbek bei Hamburg: Rowohlt Taschenbuch Verlag 1993, S. 40-41.
558 Bernhard, *Heldenplatz*, S. 163.
559 Ebenda, S. 165.
560 Ebenda.
561 Vgl. Dronske, a.a.O., S. 158.
562 Ulrich Dronske: Helden platzen. Zwei Inszenierungsvorschläge zu Bernhards „Heldenplatz“. In: Martin Huber/Manfred Mittermayer/Wendelin Schmidt-Dengler, /Lacko Vidulić (Hrsg.): Thomas Bernhard Jahrbuch 2004. Wien u.a.: Böhlau Verlag 2004, S. 155-161, hier S. 158.

sche Eigenschaften aufweisen, sieht er die Spiegelung aller anderen Figuren aus Bernhards Œuvre.
Auffallend ist für Dronske in *Heldenplatz* die sich durch das ganze Stück ziehende Komponente der Gewalt. Diese bleibt nicht nur durch den Tod von Professor Schuster während des ganzen Werkes präsent, sondern wird in verbaler Form durch die sich in ihrer Aggression steigernden Monologe der Versammelten, die „die ‚rituelle Wiederholung' [in Erinnerung rufen], die bereits Hitler ‚für eine Grundbedingung einer erfolgreichen Propaganda" hielt"[563], und schließlich durch die anschwellenden Schreie der Österreicher am Heldenplatz im Jahr 1938 noch gestärkt. Ein unmittelbarer Bezug der dramatischen Figuren zur österreichischen Gesellschaft wird hergestellt, als die von der Professorengattin Frau Schuster gehörten Schreie auch für das Publikum wahrnehmbar werden. Es erfolgt ein „Zusammenfließen[...] zweier Sprachströme"[564].
Als, den Höhepunkt der Gesellschaftskritik bildend, Österreich als „ein großer Misthaufen"[565] bezeichnet wird, der von einem schrecklichen Gestank heimgesucht wird, der sich „zwischen schwarzen und roten Schweinen/ [...] von der Hofburg und vom Ballhausplatz/ und vom Parlament/ über dieses ganze verkommene und verluderte Land"[566] ausbreitet, spitzt sich das Geschrei vom Heldenplatz zu. Der letzte Gewaltakt, die psychische und physische Zerstörung der Figur der Ehefrau des Professors wird somit durch die Verschränkung von „Sprechextase und Schweigen"[567] vollzogen.

8.2.2.3. Die Thematisierung des Antisemitismus in Österreich.

Bernhard legt seinen Personen eindeutige Äußerungen über die Aktualität des Problems des Antisemitismus in den Mund, der in Österreich nicht nur unmittelbar vor dem Krieg und in der Nachkriegszeit, sondern in den 80er Jahren immer noch seine Gültigkeit behalten haben soll.[568] So sagt die Tochter Professor Josefs, Olga, die „erst vor vierzehn Tagen [auf der Straße] bespuckt worden ist"[569]

---

563 Dirk Jürgens: Das Theater Thomas Bernhards. In: Herbert Kraft (Hrsg.): *Historisch-Kritische Arbeiten zur deutschen Literatur.* Band 28, Frankfurt am Main: Peter Lang Verlag- Europäischer Verlag der Wissenschaften 1999, S. 223.

564 Ulrich Dronske: Helden platzen. Zwei Inszenierungsvorschläge zu Bernhards „Heldenplatz". In: Martin Huber/Manfred Mittermayer/Wendelin Schmidt-Dengler, /Lacko Vidulić (Hrsg.): Thomas Bernhard Jahrbuch 2004. Wien u.a.: Böhlau Verlag 2004, S. 155-161, hier S. 159.

565 Bernhard, *Heldenplatz*, S. 164.

566 Ebenda.

567 Dronske, a.a.O., S. 161.

568 Vgl. Oliver Bentz: *Thomas Bernhard- Dichtung als Skandal.* Würzburg: Verlag Königshausen & Neumann 2000, S. 20.

569 Bernhard, *Heldenplatz*, S. 112.

in der Meinung Professor Roberts - wegen ihrer jüdischen Herkunft – folgenden Satz: „Ich versteh so vieles nicht/ ich will es auch gar nicht verstehen."[570] Darauf reagiert Professor Robert mit der Äußerung, dass „die Wiener […] Judenhasser [sind]/ und […] Judenhasser bleiben [werden]/ in alle Ewigkeit"[571] Er geht in seinem Urteil noch weiter, als er sagt:

> Die Wiener und die Österreicher/ sind ja viel schlimmer/ als es sich euer Vater hat vorstellen können/ hört doch was die Leute reden/ schaut sie euch an/ sie begegnen einem doch nur/ mit Haß und Verachtung/ gleich ob auf der Straße oder im Lokal/ […] in Österreich Jude zu sein bedeutet immer/ zum Tode verurteilt zu sein/ die Leute mögen schreiben und reden was sie wollen/ der Judenhaß ist die reinste die absolut unverfälschte Natur/ des Österreichers[572].

Dem Vorwurf des Antisemitismus fügt Jan Süselbeck „die Anklage der nationalsozialistischen Gesinnung der Österreicher"[573] hinzu und meint in diesem Zusammenhang die Aussage Professor Roberts:

> [E]s gibt jetzt mehr Nazis in Wien/ als achtunddreißig/ […] jetzt kommen sie wieder/ aus allen Löchern heraus/ die über vierzig Jahre zugestopft gewesen sind/ du brauchst dich doch nur mit irgend einem unterhalten/ schon nach kurzer Zeit stellt sich heraus/ es ist ein Nazi.[574]

Süselbeck weist weiters darauf hin, dass sich die Figuren des Textes, also eigentlich Opferfiguren, im Diskurs selbst der Sprache der Täter bedienen. In Zusammenhang damit zitiert er die These Dirk Jürgens':

> Wo das Ausmaß an Unmenschlichkeit jedes ‚vernünftige' Darüber-Reden lächerlich erscheinen lässt, ist – so führt es *Heldenplatz* vor – nur noch ein verzweifeltes Dagegen-Anschreien möglich, das jedoch dialektisch umschlägt in die Fortsetzung eben jener Unmenschlichkeit.[575]

Gitta Honegger meint hierzu: „In Bernhard's Anthropology, Jews were Austrians […] They spoke the language that constituted Bernhard's Homo austriacus: outside the context of the play it simply seemed the language of hate, bitterness, and disgust, a language of cynical nihilism."[576]

---

570 Bernhard, *Heldenplatz*, S. 110.

571 Bernhard, *Heldenplatz*, S. 84.

572 Ebenda, S. 113.

573 Jan Süselbeck: *Das Gelächter der Atheisten. Zeitkritik bei Arno Schmidt & Thomas Bernhard*. Frankfurt am Main-Basel: Stroemfeld Verlag 2006, S. 490.

574 Bernhard, *Heldenplatz*, S. 63.

575 Zitat nach: Süselbeck, a.a.O., S. 491.

576 Gitta Honegger: *Thomas Bernhard. The making of an Austrian*. New Haven-London: Yale University Press 2001, S. 290.

Süselbeck[577] führt seinen Diskurs weiter, indem er die Strategie Bernhards deutlich macht, die Figur Robert Schusters dem österreichischen System Stereotypen antisemitischer Herkunft vorwerfen zu lassen, die „Industrie und der Klerus sind die Drahtzieher/ des österreichischen Übels“[578], die jedoch eine reziproke Erscheinung des „paranoiden Weltbild[es] der Antisemiten, die Juden [seien] immer die ‚Drahtzieher' des Übels gewesen“[579], darstellt. In diesem Sinne kann man auch die Tatsache erklären, dass Professor Josef Schuster seine Angehörigen oft als „Untermenschen“[580] bezeichnete.[581] Durch diese provozierende Irritation gelang es Bernhard auch, die erwartete Reaktion der österreichischen Gesellschaft zu erzielen.
Joseph W. Moser sieht in dem Tod der Ehefrau des Professors einen Hinweis darauf, „dass der Nationalsozialismus in Österreich noch nicht Geschichte ist“[582] und deutet die Figur als ein Symbol für das Gefühl von Verfolgung seitens der Opfer des Faschismus bis in die unmittelbare Gegenwart.
Im Stück lassen sich jedoch auch Hinweise auf den weltweiten Antisemitismus finden. Honegger sieht in dem Kauf der Wohnung Professor Schusters durch einen Perser einen eindeutigen Verweis darauf: „In the contemporary context of global politics, Iranians represented the latest deadly wave of anti-Semitism. The sale of the apartment eerily iterates the confiscation of Jews' apartments by the Nazis“[583].

8.2.2.4. Darstellung der aktuellen politischen Situation in Österreich.

Bentz[584] verweist auf die kommentierenden Aussagen Robert Schusters über die aktuellen österreichischen Politiker, die, im Zusammenhang mit der Premiere des Stückes, aus dem Kontext herausgerissen in der österreichischen Presse veröffentlicht wurden.
Robert Schuster sagt in einem seiner Monologe:

> Jede Epoche ist eine entsetzliche/ hat euer Großvater immer gesagt/ aber das merkt man erst wenn man alt ist/ [...] wie mich vor allem hier ekelt/ der Staat eine Kloake

577 Vgl. Süselbeck, a.a.O., S. 491.
578 Bernhard, *Heldenplatz*, S. 88.
579 Jan Süselbeck: *Das Gelächter der Atheisten. Zeitkritik bei Arno Schmidt & Thomas Bernhard*. Frankfurt am Main-Basel: Stroemfeld Verlag 2006, S. 491.
580 Bernhard, *Heldenplatz*, S. 50.
581 Vgl. Süselbeck, a.a.O., S. 492.
582 Joseph W. Moser: *Thomas Bernhard im Dialog mit der österreichischen Öffentlichkeit. Zwischen Presse, Theater und Justiz*. Faculty of Germanic Languages and Literatures, University of Pennsylvania 2004, S. 195.
583 Gitta Honegger: *Thomas Bernhard. The making of an Austrian*. New Haven-London: Yale University Press 2001, S. 298.
584 Vgl. Oliver Bentz: *Thomas Bernhard- Dichtung als Skandal*. Würzburg: Verlag Königshausen & Neumann 2000, S. 20

stinkend und tödlich/ die Kirche eine weltweite Niedertracht/ die Menschen um einen herum/ abgrundtief häßlich und stumpfsinnig/ der Bundespräsident ein verschlagener verlogener Banause/ und alles in einem deprimierender Charakter/ der Kanzler ein pfiffiger Staatsverschacherer[585].

Die Bezeichnung des Präsidenten durch Professor Robert als „verschlagene[n] verlogene[n] Banause[n]"[586] deutet Moser als eine Anspielung auf dessen „opportunistische Lügen über seine Vergangenheit"[587]. Themann weist darauf hin, dass jegliche parteipolitischen Unterschiede auf einen gemeinsamen Nenner geführt werden und „die politische Welt Österreichs als ein opaker Block dumpfer und totalitärer Gesinnungen erscheint"[588].

Insofern hält Professor Robert fest, dass sich in Österreich seit der Zeit vor dem Krieg, oder sogar noch weiter zurück, nichts geändert hat. „Insgesamt suggeriert das vorgeführte Weltbild des Stücks dem Zuschauer nicht nur die Unveränderlichkeit der politischen Situation, sondern sogar die Unmöglichkeit diese zu artikulieren."[589]

Die von den Figuren ausformulierten Kritiken gegen das System der rot-schwarzen *Großen Koalition* und die fehlende politische Alternative in Österreich führt Anna zu der Aussage „bei uns wird ja auch a l l e s nur parteipolitisch besetzt/ die Leute können gar nicht beschränkt genug sein/ um auf die höchsten Posten zu kommen/ überall sitzen diese Idioten"[590], mit der sie sich auf alle Bereiche bezieht, auch auf das Bildungswesen.[591] Die genannte Vorherrschaft von zwei Parteien ermöglicht laut Dirk[592], in der Ansicht der Bernhardschen *dramatis personae*, erst recht eine Wiederkehr des Nationalsozialismus als Alternative zur rot-schwarzen Koalition, denn „die Roten und die Schwarzen spielen alles den Nazis in die Hände"[593]. Die Kritik am Sozialismus, an der in Österreich regierenden SPÖ im Besonderen, ist „gekennzeichnet von der Enttäuschung über das Scheitern des Sozialismus"[594].

585 Bernhard, *Heldenplatz*, S. 101f.

586 Ebenda, S. 102.

587 Joseph W. Moser: *Thomas Bernhard im Dialog mit der österreichischen Öffentlichkeit. Zwischen Presse, Theater und Justiz*. Faculty of Germanic Languages an Literatures, University of Pennsylvania 2004, S. 196.

588 Thorsten Themann: *Thomas Bernhard. Heldenplatz*. 1. Auflage, München-Stuttgart-Düsseldorf: Oldenburg Schulbuchverlag GmbH 2004, S. 37.

589 Ebenda.

590 Bernhard, *Heldenplatz*, S. 66.

591 Vgl. Dirk Jürgens: Das Theater Thomas Bernhards. In: Herbert Kraft (Hrsg.): *Historisch-Kritische Arbeiten zur deutschen Literatur*. Band 28, Frankfurt am Main: Peter Lang Verlag- Europäischer Verlag der Wissenschaften 1999, S. 198.

592 Vgl. Ebenda, S. 200.

593 Bernhard, Heldenplatz, S. 135.

594 Jürgens, a.a.O., S. 229.

Dronske[595] betrachtet *Heldenplatz* als ein, sich hinter den Fassaden des Politischen versteckendes, nihilistisches Stück, in dem der Autor besonders durch das Gespräch beim Begräbnis und das Motiv des Friedhofs, seiner Überzeugung den Ausdruck gibt, dass schlussendlich alles scheitert.
Themann[596] weist in diesem Zusammenhang auf das Paradox des Mannes aus Kreta hin, der behauptete, alle Einwohner seines Landes seien Lügner und sich somit in seiner Anklage auch zum Angeklagten machte. In *Heldenplatz* gehen die Figuren in ihrer Anklage jedoch noch einen Schritt weiter, denn sie übernehmen durch das Verfahren der Nachahmung, von Dirk Jürgens „imitatio Hitlers“[597] genannt, die Sprache der Täter, wenn beispielsweise Josef Schuster seine Angehörigen als „Untermenschen“[598] bezeichnet. Durch diese Überspitzung der Darstellung hält Bernhard der Gesellschaft umso deutlicher einen Spiegel vor. „Das eigentlich nicht plausible wird auf der Bühne als Realität dargestellt.“[599]

8.3. Der Skandal um *Heldenplatz*.

Claus Peymann, der Direktor des Burgtheaters, stellte am 24. Juni 1988 dass Programm für die folgende Spielsaison 1988/89 vor, in dem er die Uraufführung des neuesten Dramas Thomas Bernhards für den 14. Oktober eingeplant hatte. Wie schon im Zusammenhang mit dem Jubiläum des Burgtheaters erwähnt, schieden bereits im Sommer einige Mitglieder des Ensembles aus der geplanten Inszenierung aus. Aufgrund dessen sah man eine Versetzung der Premiere des Stückes für notwendig und setzte diese erneut auf den 4. November[600] 1988 an.[601] Die Autorschaft Thomas Bernhards und die von Peymann geleitete Inszenierung, dessen Image eines „ politisch-provokante[n] Theaterdirektor[s]“ sich bereits etabliert hatte, führten zu einem pauschalisierenden Vorurteil gegenüber

595 Ulrich Dronske: Helden platzen. Zwei Inszenierungsvorschläge zu Bernhards „Heldenplatz“. In: Martin Huber/Manfred Mittermayer/Wendelin Schmidt-Dengler, /Lacko Vidulić (Hrsg.): *Thomas Bernhard Jahrbuch 2004*. Wien u.a.: Böhlau Verlag 2004, S. 155-161, S. 158.

596 Vgl. Thorsten Themann: *Thomas Bernhard. Heldenplatz*. 1. Auflage, München-Stuttgart-Düsseldorf: Oldenburg Schulbuchverlag GmbH 2004, S. 37.

597 Dirk Jürgens: Das Theater Thomas Bernhards. In: Herbert Kraft (Hrsg.): *Historisch-Kritische Arbeiten zur deutschen Literatur*. Band 28, Frankfurt am Main: Peter Lang Verlag- Europäischer Verlag der Wissenschaften 1999, S. 154

598 Bernhard, *Heldenplatz*, S. 50.

599 Themann, a.a.O., S. 38.

600 Anm.: 4. November - nicht wie bei Dittmar – 4. Oktober. Vgl. Jens Dittmar: *Sehr gescherte Reaktionen. Leserbrief-Schlachten um Thomas Bernhard*. Wien: Verlag Edition S 1993, S. 182-207, hier S. 182.
Vgl. auch: Ebenda S. 184.

601 Vgl. Jens Dittmar: *Sehr gescherte Reaktionen. Leserbrief-Schlachten um Thomas Bernhard*. Wien: Verlag Edition S 1993, S. 182-207, hier S. 182.

dem Theaterwerk, das unmittelbar als *Österreich-Beschimpfung*[602] eingestuft wurde.
Der Text des Stückes sollte, wie es schon vor der Uraufführung von *Vor dem Ruhestand* der Fall war[603], bis zur Premiere geheim gehalten werden; laut Bentz[604] mussten sich die Schauspieler sogar schriftlich verpflichten, weder den Inhalt des Textes noch genauere Informationen zu seiner Inszenierung an die Presse weiter zu geben. Wie sich leicht erschließen lässt, führte dies zu einer der größten Pressekampagnen im Zusammenhang mit einem literarischen Text in Österreich.
Die aus den Proben entwendeten und am 7. Oktober 1988 in der *Neuen Kronen Zeitung* veröffentlichten Textfragmente von *Heldenplatz* „verwandelten Österreich zu einer Bühne, auf der [...] eine ‚Weltkomödie' aufgeführt wurde, bei der sich ‚Österreich selbst als Groteske à la Bernhard inszeniert(e)'"[605].
Der öffentliche Skandal um das Theaterstück und die anhaltende Diskussion, folglich auch die extreme Polarisierung der Meinungen, führte zu der Bezeichnung dieses Ereignisses, ähnlich wie bereits die *Holzfällen-Affäre*, als *Causa Heldenplatz*[606].
Der besondere innere Widerspruch in der *Heldenplatz-Affäre* besteht darin, das ein literarischer Text, oder genauer gesagt, ein Theaterstück, bereits vor der Premiere, also vor der Präsentation der Öffentlichkeit als Ganzes, rezipiert und von einer breiten Öffentlichkeit kommentiert wurde, die es eben als Ganzes noch gar nicht kannte.[607] Mehr noch, es fällt besonders auf, dass die Aussagen einer literarischen Figur mit der Weltsicht der Person des Autors gleichgesetzt wurden und zu einer regelrechten „Hetzkampagne"[608] gegen den Autor führten.
Wolfram Bayer sieht im Zusammenhang mit diesem Ereignis eine paradoxe Entwicklung:

> Das im Medienvorlauf von ‚Heldenplatz' erzeugte Hetzklima nahm die im Stück erhobenen Vorwürfe vorweg. Die Zeitungswirklichkeit setzte im realen Rezeptionsschauspiel die Fiktion vorauseilend in Kraft... Reale Medienphänomene lösen auf subtile Weise auch die vernichtendsten Urteile der Figuren über jene inländischen Periodika ein, an deren Verlogenheit sich eine Wahrheit erweist.[609]

---

602 Vgl. Burgtheater Wien (Hrsg.): *Heldenplatz. Eine Dokumentation.* Wien (13. Jänner 1989).

603 Vgl. Jan Süselbeck: *Das Gelächter der Atheisten. Zeitkritik bei Arno Schmidt & Thomas Bernhard.* Frankfurt am Main-Basel: Stroemfeld Verlag 2006, S. 498.

604 Vgl. Oliver Bentz: *Thomas Bernhard- Dichtung als Skandal.* Würzburg: Verlag Königshausen & Neumann 2000, S. 24.

605 Ebenda, S. 26.

606 Vgl. Ebenda.

607 Vgl. Ebd.

608 Oliver Bentz: *Thomas Bernhard- Dichtung als Skandal.* Würzburg: Verlag Königshausen & Neumann 2000, S.26.

609 Zitat nach: Ebenda, S. 26f.

Die Journalistin Sigrid Löffler ging in dem Beitrag nach der Premiere von *Heldenplatz* in ihrer kritischen Betrachtung der Ereignisse noch weiter:

> Das Publikum ist [...] die ganze Welt. Schließt man nach deren Hohngelächter, so bietet die Waldheimat, gerade noch rechtzeitig zum Bedenkjahr, der Welt eine Sondervorstellung: Mehr ist auf Österreichs Kosten selten gelacht worden. Tobsüchtiger und debiler hat sich der öffentliche Diskurs selten aufgeführt. Ganz Österreich hat sich aufs Stichwort in eine Thomas Bernhard-Komödie verwandelt.[610]

Claus Peymann, der ebenfalls auf das Schärfste angegriffen wurde[611], erklärte dieses von Bentz als „Massenhysterie"[612] bezeichnete Medienereignis als eine Folge des Zerfalls der Donaumonarchie und, damit verbunden, auch einen Verlust der Identität, die Österreich von nun an „nur noch über die kulturellen Errungenschaften finden konnte. Staatsoper, Philharmoniker, Salzburger Festspiele, Burgtheater. Seither versteht der Österreicher und der Wiener sein Leben selber als ein Stück Theater."[613]

Dronske[614] folgt Schmidt-Denglers Ansatz, der zu dem Ergebnis kam, „dass Bernhard die Kategorien, unter denen sein Werk betrachtet wird, [...] unerbittlich vorzugeben scheint"[615], denn er scheint die Rezeption des Stückes, mit seinen Aussagen in Interviews und Statements weitgehend gesteuert zu haben, indem er den Eindruck vermittelte, durch seine literarischen Figuren zu sprechen und so den Unmut und die Aggression eines großen Teiles der Gesellschaft hervorrief.

Die Kampagne gegen *Heldenplatz* führte sogar zu Protesten von, gesondert dafür berufenen, Bürgerinitiativen gegen die Aufführung des Stückes. Darüber hinaus wurden Thomas Bernhard und Claus Peymann auch persönlich angegriffen, Peymann soll regelmäßig Drohbriefe erhalten haben. Als Beispiel sei der folgende Briefauszug angeführt: „Weißt Du, wie kalt und starr eine Leiche ist, Geh mal ins Leichenschauhaus"[616]. Thomas Bernhard soll laut eigenen Angaben auf der Straße von einem Passanten mit einem Spazierstock attackiert worden sein: „Es war am Montag in der Billrothstraße. Ich bin grad noch in den Bus

[610] Sigrid Löffler: Farce. Tobsuchtsanfall. Weltblamage. In: *Profil,* Wien (17.10.1988).

[611] Vgl. Oliver Bentz: *Thomas Bernhard- Dichtung als Skandal.* Würzburg: Verlag Königshausen & Neumann 2000, S. 34.

[612] Ebenda, S. 26.

[613] Zitat nach: Ebenda.

[614] Vgl. Ulrich Dronske: Helden platzen. Zwei Inszenierungsvorschläge zu Bernhards *Heldenplatz.* In: Martin Huber/Manfred Mittermayer/Wendelin Schmidt-Dengler/Lacko Vidulić (Hrsg.): *Thomas Bernhard Jahrbuch 2004.* Wien u.a.: Böhlau Verlag 2004, S. 155-161, hier S. 157.

[615] Ebenda.

[616] Anonym abgedruckt in: Burgtheater Wien (Hrsg.): *Heldenplatz. Eine Dokumentation.* Wien (13. Jänner 1989.

hineingehupft. ‚Umbringen sollt' man Ihnen!' Das nächste ist aufhängen und vergasen. Das täten s'eh alle, wenn sie s'könnten."[617]
Die scharfen Reaktionen vermitteln laut Ulrich Dronske den Eindruck, dass die Rezeption des Textes bereits in der Konzeption von *Heldenplatz* mit eingeplant war und dass die Angriffe „von den sich angegriffen fühlenden Segmenten der österreichischen Öffentlichkeit"[618] gerechtfertigt, weil Teil einer „Dramaturgie des Publikums"[619], waren.

8.3.1. Die Berichterstattung in den Medien.

Das Wiener Burgtheater hat eine umfassende Dokumentation[620] der zwischen August 1988 und Jänner 1989 zu diesem Thema erschienenen Pressemeldungen veröffentlicht, aus der sich auch die einzelnen Phasen der *Causa Heldenplatz* erschließen lassen.
Im Frühling 1988 wurde die Presse offiziell von Seiten des Burgtheaters informiert, dass sich das neue Stück Bernhards „mit dem Anschluss Österreichs an das Dritte Reich auseinandersetzt"[621].
Für das Magazin *Profil* berichtete Sigrid Löffler bereits Anfang August dass „Thomas Bernhard mit ‚Heldenplatz' bloß ein weiteres Mal dasselbe Bernhard-Stück geschrieben"[622] hatte. Ganz allgemein war also die Thematik des Stückes bereits Monate vor dem eigentlichen Skandal bekannt, denn sie schreibt über den Inhalt: „Der Vater hat sich selbstmörderisch aus dem Fenster gestürzt. Wir sollen und dürfen annehmen: wg. Waldheim, wg. der grassierenden Judenfeindlichkeit, wg. des allgemeinen österreichischen Ungeists"[623].
Den Auftakt für die *Heldenplatz-Affäre* lieferte am 7. Oktober 1988 die *Neue Kronen Zeitung* mit dem Artikel unter dem Titel *„Österreich, 6,5 Millionen Debile!"*[624] und die *Wochenpresse* mit der Titelseite *Peymanns Provokation.*

---

617 Thomas Bernhard im Gespräch mit Conny Bischofberger und Heinz Sichrovsly: Der letzte Akt. In: Sepp Dreisinge [Hrsg.]: Von einer Katastrophe in die andere. 13 Gespräche mit Thomas Bernhard. Weitra: Verlag publication PN° 1 1992, S. 154-158, hier S. 156.

618 Ulrich Dronske: Helden platzen. Zwei Inszenierungsvorschläge zu Bernhards *Heldenplatz.* In: Martin Huber/Manfred Mittermayer/Wendelin Schmidt-Dengler/Lacko Vidulić (Hrsg.): *Thomas Bernhard Jahrbuch 2004.* Wien u.a.: Böhlau Verlag 2004, S. 155-161, hier S. 157f.

619 Ebenda, S. 158.

620 Burgtheater Wien (Hrsg.): *Heldenplatz. Eine Dokumentation.* Wien (13. Jänner 1989).

621 Joseph W. Moser: *Thomas Bernhard im Dialog mit der österreichischen Öffentlichkeit. Zwischen Presse, Theater und Justiz.* Faculty of Germanic Languages an Literatures, University of Pennsylvania 2004, S. 201.

622 Sigrid Löffler: Platz für Helden. Angesagte Skandale sind meistens keine – das gilt auch für Thomas Bernhards „Heldenplatz". In: *Profil.* Wien (19.09.1988).

623 Ebenda.

624 Vgl. Burgtheater Wien (Hrsg.): *Heldenplatz. Eine Dokumentation.* Wien (13. Jänner 1989), S. 10.

Was im Skandalstück „Heldenplatz" steht[625]. Laut Andreas Razumovsky haben beide Zeitungen Teile aus Bernhards Stück, ohne die Quelle zu nennen und „gegen den ausdrücklichen Willen des Autors"[626], abgedruckt und taten, laut Bentz, ihr Bestes, um den angesagten Skandal auch Wirklichkeit werden zu lassen.[627] „Die zitierten Passagen wurden gänzlich aus dem Zusammenhang gerissen und zu einer Tirade zusammengefügt, die man als ein Quodlibet anti-österreichischer Zitate aus dem Stück verstehen muß."[628] Darüber hinaus wurden, laut Süselbeck[629], die angeführten Passagen fehlerhaft zitiert.

Auf die ersten Artikel folgte ein ganzer Regen von Beiträgen in verschiedenen Printmedien, darunter im Wiener *Kurier* erschien ein Beitrag über die „Abrechnung" Bernhards mit Österreich[630], in der *Wiener Zeitung* machte Norbert Tschulik eine Stellungnahme zur Freiheit der Kunst, die unten genauer angeführt wird; *Die Presse* meldete sich mit dem kurzen Beitrag *Weiter Aufregung um Bernhard-Stück*, in dem das Werk „eine Beschimpfung Österreichs"[631] genannt wurde.

Peter Sichrovsky fasste das Ereignis folgendermaßen im *Standard* zusammen: „Hier lässt ein Bochumer Theaterdirektor mit Hilfe eines österreichischen Schriftstellers einen Wiener Juden bellen wie einen deutschen Schäferhund."[632]

Es folgte eine bemerkenswerte Zahl an Leserbriefen, von Dittmar „Leserbrief-Schlachten"[633] genannt, deren Inhalte genauso polarisiert waren, wie die Stellungnahmen zur *Causa Heldenplatz* selbst. Jede Meinung war in den insgesamt 182[634] veröffentlichten Leserbriefen vertreten, von Beleidigungen unter der Adresse Thomas Bernhards oder Claus Peymanns, wie zum Beispiel in dem Brief von Elfriede L. Selitsch aus Klosterneuburg an *Die Presse*:

> Müssen wir Österreicher uns von Herrn Peymann derart ekelhafte Stücke Thomas Bernhards oktroyieren lassen? Herr Bernhard, der anscheinend unter Komplexen leidet, hat ja einen Freibrief, Österreich in den Schmutz zu ziehen! Wann endlich, Herr

625 Vgl. Ebenda, S. 11-15

626 Zitat in: Oliver Bentz: *Thomas Bernhard- Dichtung als Skandal.* Würzburg: Verlag Königshausen & Neumann 2000, S. 29.

627 Vgl. Oliver Bentz: *Thomas Bernhard- Dichtung als Skandal.* Würzburg: Verlag Königshausen & Neumann 2000, S. 26.

628 Ebenda, S. 31.

629 Vgl. Jan Süselbeck: *Das Gelächter der Atheisten. Zeitkritik bei Arno Schmidt & Thomas Bernhard.* Frankfurt am Main-Basel: Stroemfeld Verlag 2006, S. 486.

630 Burgtheater, a.a.O., S. 17.

631 Anonym: Weiter Aufregung um Bernhard-Stück. In: *Die Presse.* Wien (08.10.1988).

632 Zitat nach: Jens Dittmar (Hrsg.): *Thomas Bernhard. Werkgeschichte.* München: Suhrkamp Verlag 2002, S. 334.

633 Jens Dittmar: *Sehr gescherte Reaktionen. Leserbrief-Schlachten um Thomas Bernhard.* Wien: Verlag Edition S 1993, S. 182-207, hier S. 182.

634 Vgl. Joseph W. Moser: *Thomas Bernhard im Dialog mit der österreichischen Öffentlichkeit. Zwischen Presse, Theater und Justiz.* Faculty of Germanic Languages an Literatures, University of Pennsylvania 2004, S. 210.

> Peymann, nehmen Sie Ihren Hut und gehen? Oder müssen sich Österreichs Schüler ‚Heldenplatz' ansehen?[635]

bis zu verständnisvoller Unterstützung, wie der Brief von A. Berger aus Linz an das *Neue Volksblatt*:

> Bundeskanzler Vranitzky und Frau Unterrichtsminister Hawlicek verdienen eigentlich auf Grund ihrer eindeutig bewiesenen negativen Stellungnahme zu derartig schwerwiegenden Belangen von Staat, Volk und Parteien jene moralische Qualifikation, die Bernhard unseren Politikern im allgemeinen zugeschrieben hat![636]

„Wütendste Attacken gegen Peymann und Bernhard, verbunden mit groben Diffamierungen und Verleumdungen sowie bewußte Falschmeldungen waren an der Tagesordnung der Hetzkampagne."[637]

Die Art und Weise, mit welcher einige österreichische Tageszeitungen die Berichterstattung über *Heldenplatz* durchführten, festigte die Opposition vieler Intellektueller und Literaturwissenschaftler gegenüber dem Umgang mit dem Ereignis. Jutta Duhm-Heitzmann kommentierte die Vorgehensweise der *Neuen Kronen Zeitung* kritisch, indem sie darauf hinwies, dass sich die Journalisten aus diesem und ähnlichen Blättern nicht die Mühe gemacht hatten, „zwischen den Dichter-Zeilen zu lesen [...]. Die servierten ihren Lesern das Haß- und Skandalobjekt Bernhard lieber pur, denn das schuf Emotionen, das schrie Skandal und machte Auflage"[638].

Martin Frank bezeichnete in diesem Zusammenhang die *Neue Kronen Zeitung* als „das größte und agitationslüsternste Revolverblatt der Alpenrepublik, (in dem) die Befehlsausgabe an die austriakische Volksseele stattzufinden (pflegt)."[639]

Peter A. Bruck äußerte sich über die *Neue Kronen Zeitung* in seiner publizistischen Studie „notorisch anti-demokratisch, demagogisch, denunzierend..."[640]

Mit der Medienresonanz von *Heldenplatz* befassten sich detailliert Ilse Retzek in ihrer Diplomarbeit *„Heldenplatz"- Ein Medienereignis* und Renate Hörlezeder, Fritz Mühlbek und Andreas Nowak in der Studie *Die Erregungskurven. Eine empirische Untersuchung zur Resonanz Bernhards in deutschsprachigen Medien 1963 bis 1992.* Resümierend kamen sie zu dem Ergebnis, dass die Zahl der

---

635 Zitat nach: Dittmar, a.a.O., S. 187.

636 Zitat nach: Jens Dittmar: *Sehr gescherte Reaktionen. Leserbrief-Schlachten um Thomas Bernhard.* Wien: Verlag Edition S 1993, S. 182-207, hier S. 197.

637 Oliver Bentz: *Thomas Bernhard- Dichtung als Skandal.* Würzburg: Verlag Königshausen & Neumann 2000, S. 32.

638 Zitat nach: Ebenda, S. 30.

639 Zitat nach: Ebenda.

640 Zitat nach: Oliver Bentz: *Thomas Bernhard- Dichtung als Skandal.* Würzburg: Verlag Königshausen & Neumann 2000, S. 36.

Medienberichte von September 1988 an rasant anstieg und mit Ende November 1988 genauso schnell wieder abnahm.[641]

8.3.2. Die Reaktionen der Politiker.

Die Zeit um den Wahlkampf Kurt Waldheims war von zahlreichen Protesten und offensiven Stellungnahmen zahlreicher Intellektueller, bildender Künstler und Schriftsteller geprägt, die sich zu einer kritischen Äußerung, im Zusammenhang mit der politischen Situation in Österreich, verpflichtet sahen.
Die von Bentz beobachtete, in den 80er Jahren intensivierte, Tendenz einiger Politiker, in den Bereich der Kunst und das künstlerische Schaffen zu ingerieren. Als Reaktion auf die Pressemeldungen über *Heldenplatz* forderten „[g]leich mehrere Regierungspolitiker [...] – ohne überhaupt zu wissen, worum es in dem Dramentext genau ging – offen staatliche Zensur, die Absetzung des Stückes und die vorzeitige Entlassung Claus Peymanns als Intendant des Burgtheaters."[642]
Der ehemalige Vizekanzler Alois Mock plädierte am 9. Oktober für die Absetzung des Stückes vom Spielplan des Burgtheaters. Zwei Tage später forderte er gemeinsam mit Jörg Haider eine frühzeitige Kündigung der Intendanz Claus Peymanns am Burgtheater.[643]
Der damalige Bundeskanzler Bruno Kreisky äußerte drei Tage nach dem Abdruck der Textfragmente aus *Heldenplatz* seinen Unmut über die „Beschimpfung" der Österreicher als „Massenmörder, Debile und Nazis"[644] und beschwerte sich über die ausbleibenden kritischen Reaktionen mit der Bemerkung, man dürfe sich „das" nicht gefallen lassen.[645] Joseph W. Moser erwähnt jedoch, dass diese angebliche Aussage Kreiskys nicht unbedingt der Wahrheit entsprechen müsse, denn „[k]ritischen Beobachtern hätte [...] auffallen können, dass Kreis-

641 Vgl. Renate Hörlezeder/Fritz Mühlbek/Andreas Nowak: Die Erregungskurven. Eine empirische Untersuchung zur Resonanz Bernhards deutschsprachigen Printmedien 1963 bis 1992. In: Wolfram Bayer (Hrsg.): *Kontinent Bernhard. Zur Thomas Bernhard-Rezeption in Europa*. Wien u.a.: Böhlau Verlag 1995, S. 229-238, hier S. 235.

642 Jan Süselbeck: *Das Gelächter der Atheisten. Zeitkritik bei Arno Schmidt & Thomas Bernhard.* Frankfurt am Main-Basel: Stroemfeld Verlag 2006, S. 486.

643 Vgl. Jens Dittmar: *Sehr gescherte Reaktionen. Leserbrief-Schlachten um Thomas Bernhard.* Wien: Verlag Edition S 1993, S. 182-207, hier S. 182-183.

644 Dieter Kindermann: Das darf man sich nicht gefallen lassen! In: *Neue Kronen Zeitung.* Wien (10.10.1988).

645 Dieter Kindermann: Das darf man sich nicht gefallen lassen! In: *Neue Kronen Zeitung.* Wien (10.10.1988).

ky, der Ende der siebziger Jahre von Bernhard direkt angegriffen worden war, sich niemals von ihm provozieren liess"[646].
Der ehemalige Bürgermeister Wiens, Helmut Zilk, meinte in Bezug auf den Autor, es handle sich um eine „paranoische Selbstdarstellung eines Menschen, der ein Leben lang nicht mit sich selbst fertiggeworden ist."[647]
Kurt Waldheim bezeichnete *Heldenplatz* als ein das österreichische Volk beleidigendes Stück: „Die Freiheit von Literatur und Kunst ist eine der großen Errungenschaften der Demokratie. Wenn diese Freiheit jedoch in einer Art und Weise mißbraucht wird wie in dem Stück ‚Heldenplatz', dann ist das Burgtheater nicht die Bühne für eine solche Aufführung. Ich halte dieses Stück für eine grobe Beleidigung des österreichischen Volkes und lehne es daher ab"[648].
Jörg Haider hingegen, 1988 Obmann der FPÖ, forderte in Bezug auf Peymann, Karl Kraus zitierend: „Hinaus aus Wien mit dem Schuft!"[649] Dieter Kindermann verweist jedoch in diesem Zusammenhang auf Hans Weigels Biografie *Karl Kraus oder die Macht der Ohnmacht*, in der sich die Erklärung für das Originalzitat findet, dass nicht für einen Theaterdirektor bestimmt war, sondern für den Korrupionisten Imre Bekessy.[650] Darauf hingewiesen, soll Haider bemerkt haben: „Das ist eben mein Recht auf künstlerische Freiheit."[651]
Nicht so radikal, aber ebenfalls kritisch gegenüber Bernhard, meldete sich auch Simon Wiesenthal zu Wort, der sich während der Waldheim-Affäre äußerst zurückhaltend gezeigt hatte, dass „[j]ede Verallgemeinerung, jede Kollektivschuld […] der jüdischen Ethik [widerspricht] und […] abzulehnen [ist]. Denn damit werden nur die Bösen mit den Guten zusammengeschweißt."[652]
Bentz zitiert die Aussage der damaligen Wiener Kunst- und Kultur-Stadträtin Ursula Pasterk[653], die öffentlich Stellung zu der in der Rezeption unternommenen Verschmelzung der Aussagen der Figuren mit der Stimme des Autors nahm: „Es ist nicht Herr Bernhard, der hier zu den Menschen spricht, sondern es sind imaginäre Theaterfiguren – eine erfundene jüdische Familie – die in einem Theaterstück miteinander reden"[654]. Pasterk äußerte auch ihre Bedenken zu einer möglichen Blamage im Ausland, „wenn sich herausstellte, daß das Stück mit

---

646 Joseph W. Moser: *Thomas Bernhard im Dialog mit der österreichischen Öffentlichkeit. Zwischen Presse, Theater und Justiz*. Faculty of Germanic Languages an Literatures, University of Pennsylvania 2004, S. 204.

647 Zitat nach: Dittmar, a.a.O., S. 182.

648 Zitat nach: Kotanko Kittner: Waldheim: In der Burg kein Platz für „Heldenplatz". In: *Kurier*. Wien (11.10.1988).

649 Zitat nach: Jens Dittmar (Hrsg.): *Thomas Bernhard. Werkgeschichte*. München: Suhrkamp Verlag 2002, S. 330.

650 Vgl. Dieter Kindermann: „Hinaus aus Wien mit dem Schuft". In: *Neue Kronen Zeitung*. Wien (12.10.1988).

651 Ebenda.

652 Zitat nach: Kindermann: Das darf man sich nicht gefallen lassen! In: *Neue Kronen Zeitung*. Wien (10.10.1988).

653 Pasterk – nicht wie bei Bentz Pasterek. Vgl. Oliver Bentz: *Thomas Bernhard- Dichtung als Skandal*. Würzburg: Verlag Königshausen & Neumann 2000, S. 31.

654 Zitat nach: Ebenda.

Österreichs Haltung gegenüber jüdischer Emigration ins Gericht geht"[655]. Über ihre Stellungnahme liest man im Rahmen der *Rathauskorrespondenz*:

> Es ist nicht auszudenken, was das Ausland dazu sagt und schreibt, wenn am Tag nach der Premiere klar ist, daß ein Stück, das mit Österreichs Haltung gegenüber jüdischen Emigranten ins Gericht geht, von österreichischen ÖVP- und FPÖ-Politikern verboten werden sollte. Alles, was Österreich in diesem Jahr an gedenk- und Bedenkveranstaltungen zur Aufarbeitung seiner Vergangenheit unternommen hat, könnte durch die Affäre um das Stück ‚Heldenplatz' entwertet werden.[656]

Die Stimmen der Presseleser blieben natürlich auch in Bezug auf die Reaktionen der Politiker nicht aus. So schrieb beispielsweise ein Leser aus Wien, Dr. Heinrich Hoffman, an die *Arbeiter Zeitung*:

> Der Bundespräsident, der selbst seine Kriegsvergangenheit mehrmals ‚umgedichtet' hat, aber ohne besondere literarische Brillanz, der Vizekanzler, dessen EG-Annäherungspolitik durch vorlaute Äußerungen mehr gefärdet als realisiert wird, hier ein kleiner Unterschied zu Metternich, und der Kultursprecher der ÖVP, der zum Boykott aufruft, zum Boykott gegen ein Stück, das er weder gesehen noch gelesen hat.[657]

Der spanische Übersetzer vieler Theaterstücke Bernhards und zugleich Verfasser der spanischen Bernhard-Biografie, Miguel Sáenz, behauptet in seiner Interpretation der *Causa Heldenplatz*: „En cualquier caso, el estreno de *Heldenplatz* fue un choque frontal con el Estado y con las capas más reaccionarias de la sociedad autríaca. No parece aventurado suponer, sin embargo, que la reacción de esas fuerzas estaba incluida en la concepción misma de la obra."[658] Er impliziert also, ähnlich wie Schmidt-Dengler[659], die Reaktionen der Öffentlichkeit, vor allem der Politiker in den „Inszenierungsplan" Bernhards.

---

655 Jens Dittmar: *Sehr gescherte Reaktionen. Leserbrief-Schlachten um Thomas Bernhard.* Wien: Verlag Edition S 1993, S. 182-207, hier S. 183.

656 Zitat nach: Anonym: Burgtheater: Stadträtin Ursula Pasterk warnt vor internationaler Blamage. In: *Rathauskorrespondenz-Kultur. Wien* (12.10.1988).

657 Zitat nach: Jens Dittmar: *Sehr gescherte Reaktionen. Leserbrief-Schlachten um Thomas Bernhard.* Wien: Verlag Edition S 1993, S. 182-207, hier S. 195.

658 Miguel Sáenz: *Thomas Bernhard. Una biografía.* Madrid: Ediciones Siruela 1996, S. 195.

659 Vgl. Ulrich Dronske: Helden platzen. Zwei Inszenierungsvorschläge zu Bernhards *Heldenplatz.* In: Martin Huber/Manfred Mittermayer/Wendelin Schmidt-Dengler/Lacko Vidulić (Hrsg.): *Thomas Bernhard Jahrbuch 2004.* Wien u.a.: Böhlau Verlag 2004, S. 155-161, hier S. 157.

8.3.3. Solidaritätserklärungen österreichischer Künstler und Schriftsteller.

In Anbetracht der negativen Reaktion auf Bernhards letztes Theaterstück und der Angriffe der Medien auf Thomas Bernhard und den Regisseur Claus Peymann, erklärte die Interessensgemeinschaft Österreichischer Autoren am 11. Oktober 1988 ihre Solidarität mit beiden. Darin plädierte sie, es gilt

> die Absetzung eines weiteren Stücks österreichischer Wirklichkeit zu verhindern: Thomas Bernhards Burgtheater-Uraufführung ‚Heldenplatz'. [...] Die IG AUTOREN erklärt sich solidarisch mit ihrem Kollegen Thomas Bernhard und dessen Regisseur Claus Peymann, von dem man im Sinn einer neo-nazistischen ‚Ausländer-Raus'-Bewegung die Abdankung als Burgtheater-Direktor erzwingen will[660].

Am 16. Oktober gaben die Autoren Erich Fried, Barbara Frischmuth, Josef Haslinger, Elfriede Jelinek, Peter Turrini und Gernot Wolfgruber ihre Solidarität mit Bernhard und Peymann bekannt.[661] Sie wandten sich „gegen die ‚zur Gewohnheit gewordenen Hetzkampagne[n] gegen Künstler', gegen Buseks Publikumsboykottaufruf, und riefen eine Gegendemonstration aus"[662].

8.3.4. Die Stellungnahme Thomas Bernhards.

Bei der Bewertung der Rolle der Medien in der *Causa Heldenplatz* muss auf die Tatsache hingewiesen werden, dass die *Neue Kronen Zeitung* und die *Wochenpresse* Textfragmente abgedruckt haben, die Teile der Erstfassung des Stückes waren. Thomas Bernhard gab kurz darauf bekannt, das Stück etwas abgeändert zu haben. Darauf angesprochen, ob er die emotionsweckenden Passagen gestrichen oder abgeschwächt hätte, antwortete er in dem Interview mit Heinz Sichrovsky von der Zeitschrift *Basta* jedoch:

> Aber nein! Ich hab' es noch verschärft! Ich habe es am 1. Jänner abgeliefert und seither nur ganz kleine Änderungen vorgenommen, weil ich mir gedacht hab', ‚Lügner' kann ein jeder sagen. Jetzt heißt es ‚verlogener Banause', das klingt doch gleich besser! Auch ‚pfiffiger Börsenspekulant' war mir zu billig. Da kommt auch ganz was anderes. Was noch Scheußlicheres. [...] Bitte, mein Stück ist scheußlich. Aber das Thea-

660 IG Autoren: Solidarität mit Thomas Bernhard und Claus Peymann. In: Burgtheater Wien (Hrsg.): *Heldenplatz. Eine Dokumentation.* Wien (13. Jänner 1989), S. 40.

661 Vgl. Jens Dittmar: *Sehr gescherte Reaktionen. Leserbrief-Schlachten um Thomas Bernhard.* Wien: Verlag Edition S 1993, S. 182-207, hier S. 183.

662 Joseph W. Moser: *Thomas Bernhard im Dialog mit der österreichischen Öffentlichkeit. Zwischen Presse, Theater und Justiz.* Faculty of Germanic Languages and Literatures, University of Pennsylvania 2004, S. 208.

ter rundherum, das ist noch scheußlicher. Nur sollte das eine Kunst sein, und das andere ist Leben.[663]

Auf die Frage Sichrovskys, ob es sich im Text nun, einer Aussage Peymanns folgend, tatsächlich nur um die Äußerungen von Kunstfiguren handle, konterte Bernhard: „Was!? Ich meine alles, was meine Figuren sagen. Jede Made läuft aus meinem Munde. Der Peymann ist ja leider auch schon blöd. Man lässt doch als Autor die Figuren das reden, dessen Ansicht man letzten Endes ist!“[664]
Die Beteiligung der Medien an der Rezeption der beiden Stücke, besonders aber die von der Boulevardpresse geführte *Hetzkampagne* gegen *Heldenplatz*, führte nicht zuletzt auch in breiten Kreisen der Gesellschaft zu der Hinterfragung der journalistischen Ethik und der Rolle des Journalisten für die Meinungsbildung der Gesellschaft. Die Frage Conny Bischofsbergers und Heinz Sichrovskys, ob es in Österreich noch möglich sei, Journalismus zu betreiben, beantwortete Thomas Bernhard bei dem letzten Interview seines Lebens, am 13. Oktober 1988, folgendermaßen: „Man tappt halt von einem Fladen in den anderen. Angeblich sitzt man dort besonders weich. Nur den Gestank muß man aushalten. – So.“[665] Mit dieser Aussage meinte er wohl, ähnlich wie Professor Robert in *Heldenplatz,* den von „österreichischen Dreckblättern“[666] betriebenen Journalismus: „Sie ersparen sich Unsummen von Tabletten/ wenn Sie sich schon in der Frühe gleich/ dem totalen Stumpfsinn der K r o n e n z e i t u n g und des K u r i e r ausliefern/ das bringt den Blutkreislauf schon in der Frühe in Raserei/ von der P r e s s e rede ich nicht“[667].

663 Thomas Bernhard im Interview mit Heinz Sichrovsky.: Bernhard bricht sein Schweigen. In: *Basta* (26.10.1988).

664 Ebenda.

665 Conny Bischofberger/ Heinz Sichrovsly: Der letzte Akt. In: Sepp Dreisinge [Hrsg.]: *Von einer Katastrophe in die andere. 13 Gespräche mit Thomas Bernhard.* Weitra: Verlag publication PN° 1 1992, S. 154-158, hier S. 157.

666 Bernhard, *Heldenplatz*, S. 123.

667 Ebenda.

9. *Präsident Abendwind* und *Heldenplatz*. Jelinek und Bernhard.

Die Kritik an der NS-Aufarbeitung, die sich aufgrund der politischen und gesellschaftlichen Situation in Österreich der 80er Jahre sowohl für Elfriede Jelinek als auch für Thomas Bernhard und viele andere Schriftsteller als eine Selbstverständlichkeit verstand, hatte, wie schon erwähnt, in den Haltungen früherer Autoren ihren Ursprung.
In der Analyse der kritischen, sich auf die Schreibweise der Autoren auswirkenden, Welthaltung wird in der Literaturwissenschaft auf den Aspekt des Mythos des Weltbildes besondere Rücksicht genommen. Bentz verweist, Ernst Harnisch[668] folgend, auf den „österreichische[n] Selbsthaß“[669], der zu der Gegenüberstellung zweier Mythen führte, des *Goldenen Mythos* und des *Schwarzen Mythos*[670].
Als Vertreter des *Goldenen Mythos* sieht Bentz Franz Grillparzer und Joseph Roth; dabei versteht er diesen als „den verklärten Blick auf Österreich als einen friedfertigen, aristokratischen, wohlgeordneten und übernationalen Staat, als eine Ordnung, in der jeder, gleichsam als Individuum, seinen Platz hatte, ein Land, in dem [...] die Sonne nie unterging“[671]. Dieser aus dem 19. Jahrhundert stammende Mythos wurde, so Wolfgang Müller-Funk, „nach 1945 vom bürgerlich-konservativen Lager restauriert [und] gegen den durch den Nationalsozialismus desavouierten großdeutschen Mythos und gegen die Geschichtslosigkeit der Linken, die Österreich 1918 erst entstehen lassen wollten“[672], eingesetzt. Laut Müller-Funk war der *Goldene Mythos* für die Gesellschaft aus dem Grund beruhigend, weil er „das österreichische Wesen vom deutschen Nationalsozialismus abhob und sich gut zu der These fügte, das Land sei 1938 Opfer deutscher Aggression geworden“[673].
Diesem Mythos haben die österreichischen Autoren der Nachkriegszeit den *Schwarzen Mythos* entgegengesetzt.[674] Dieser impliziert, wie schon bei Karl Kraus zu beobachten war, „Trauer, Klage und Wehmut“[675].
Nichtsdestotrotz griffen sowohl Thomas Bernhard, als auch Elfriede Jelinek in der von ihnen betriebenen „Antiheimatliteratur“ zwar zu schrecklichen, jedoch durch das Verfahren der grenzenlosen Übertreibung ins Komische verrückten Bildern, die, wie Peymann sagte, auf diese Weise die „berühmt[e] Undeutlich-

---

668 Vgl. Oliver Bentz: *Thomas Bernhard- Dichtung als Skandal*. Würzburg: Verlag Königshausen & Neumann 2000, S. 21.
669 Ebenda.
670 Vgl. Ebenda.
671 Ebenda.
672 Zitat nach: Oliver Bentz: *Thomas Bernhard- Dichtung als Skandal*. Würzburg: Verlag Königshausen & Neumann 2000, S. 21.
673 Oliver Bentz: *Thomas Bernhard- Dichtung als Skandal*. Würzburg: Verlag Königshausen & Neumann 2000, S. 21.
674 Vgl. Ebenda.
675 Ebenda, S. 23.

keit [erhalten, wodurch das Werk] eben weder eine Tragödie noch eine Komödie ist, sondern immer beides, daß man in einem Augenblick lachen kann wie wahnsinnig und im nächsten Moment furchtbar erschrocken oder entsetzt ist, siehe Kleist, siehe im Grunde auch Nestroy“[676].
Der *Schwarze Mythos* diente somit der „kompromißlosen Aufdeckung der Niedertracht und Verlogenheit in Presse, Politik und Gesellschaft“[677].
Susanne Rolinek meinte zu Bernhards Rolle für die Gesellschaft, dass Österreich gerade solch einen Autor brauchte, der „der typisch österreichischen Eigenschaft des Verdrängens (entsagt[e]) und (...) sich bewußt in seinem Werk mit Krankheit, Tod, dem Gesellschaftssystem und seinen Lebenslügen (auseinandersetzt[e])“[678].

9.1. Thematisierung des Opfermythos.

Der auf der Zerstörung des „Goldenen Mythos“, also implizit auch des Opfermythos Österreichs, basierende „Schwarze Mythos“ hatte seine Ursprünge bereits im 17. Jahrhundert; seine Entstehung hängt, nach Ansicht Harnischs, mit dem Niederländischen Befreiungskrieg zusammen, als „die protestantischen Staaten das habsburgische Österreich als Ort der Unterdrückung und Bereich finsterer Mächte brandmarkten“[679]. Diese Auffassung wurde im 19. Jahrhundert währen der organisierten Befreiungsbewegungen innerhalb der Grenzen der kaiserlichen und königlichen Monarchie wieder aufgenommen und von den Vertretern des literarischen Vormärz, als Beispiel sei Charles Sealsfield genannt, zu eigen gemacht.[680]
Müller-Funk bezeichnet den *Schwarzen Mythos,* in Anknüpfung an Harnisch, als „einen Einspruch gegen den Komplex [der] Goldenen Gemütlichkeit. Gegen sie sind Aussagen von der Mörderrepublik Österreich - so Peter Turrini – oder der Satz von Gerhard Roth, Österreich bringe geradezu generisch Nazis hervor, gerichtet“[681]. In Bezug darauf nennt er zahlreiche, nicht selten im deutschsprachigen Ausland verfasste, Kritiken, deren „Höhepunkt im Gefolge der Waldheim-Wahl [erreicht wurde], in der sich ein ganzes Land einigermaßen unvorbereitet mit einer umfassenden Vergangenheits-Beschau konfrontiert sah“[682].

---

676 Zitat nach: Karl Müller: Die Theaterkonzepte Thomas Bernhards und Elfriede Jelineks im Vergleich. In: Martin Huber/Manfred Mittermayer/Wendelin Schmidt-Dengler/Lacko Vidulić (Hrsg.): Thomas Bernhard Jahrbuch 2004. Wien u.a.: Böhlau Verlag 2004, S. 91-97, S. 93.

677 Oliver Bentz: *Thomas Bernhard- Dichtung als Skandal*. Würzburg: Verlag Königshausen & Neumann 2000, S. 22.

678 Zitat nach: Ebenda, S. 46.

679 Ebenda, S. 22.

680 Vgl.: Ebenda.

681 Zitat nach: Ebenda.

682 Ebenda.

Claus Peymann machte aus der Perspektive eines Deutschen folgende Beobachtung zu dem in Österreich gestalteten Opfermythos:

> Die Österreicher haben das ja ganz geschickt gemacht, die Österreicher haben also sozusagen mit dem Hitler zusammen ganz schwer den Faschismus aufgebaut... (und) nach dem Krieg waren sie sofort das erste Opfer ... besetzte und besiegte Nation und waren das Opfer des Faschismus, das ist die große, schöne, lebendige Lebenslüge, und die wurde 88 in Frage gestellt...[683]

Tatsächlich, scheint aus der heutigen Perspektive Jelineks blitzschneller Beitrag zur Zerstörung des Opfermythos von 1986 - damit ist sowohl die die Rede *In den Waldheimen und auf den Haidern* zur Verleihung des Heinrich-Böll-Preises gemeint als auch, einige Monate darauf, bereits 1987, das Dramolett *Präsident Abendwind*, als würde sie „mit der Axt drein[schlagen]“[684], denn ein offener kritischer Diskurs über das Opfermythos war in Österreich, wie es Krammer erläutert, erst im Bedenkjahr 1988 möglich.[685]

Elfriede Jelinek vertritt die Meinung, dass „[d]er kollektive Wille zur Unschuldigkeit der Österreicher [...] dazu [führt], daß sie die Schuld [...] immerfort den anderen zuschieben, um sie auszugrenzen, vertreiben, vernichten zu können“[686]. Daher hat der Satz Jelineks: „Wir können nicht wissen, wie wir uns damals verhalten hätten, aber wir wissen, wie wir uns verhalten hätten sollen“[687] eine umso größere Bedeutung für die Nachkriegsgeneration.

In diesem Zusammenhang muss besonders *Heldenplatz* als „’ein ganz verzweifelter Aufschrei’ gelesen werden, der das Jahrzehnte andauernde Schweigen um Österreichs Vergangenheit durchbrechen sollte“[688], gelesen werden, mit dem Thomas Bernhard gegen „den Mythos des demokratischen vom Nationalsozialismus befreiten Österreichs“[689] ankämpft. Joseph W. Moser sieht das Stück als den provokantesten Text Bernhards, „der explizit die Mitverantwortung der Österreicher für die Verbrechen des Faschismus herausstellt“[690], indem er die

683 Zitat nach: Oliver Bentz: *Thomas Bernhard- Dichtung als Skandal.* Würzburg: Verlag Königshausen & Neumann 2000, S. 16.

684 URL: http://www.philosophia-online.de/mafo/heft2007-3/Kra_Jel.htm [06.02.2008]

685 Vgl. Stefan Krammer: *„redet nicht von Schweigen...“ Zu einer Semiotik des Schweigens im dramatischen Werk Thomas Bernhards.* Würzburg: Königshausen & Neumann Verlag 2003, S. 148.

686 Elfriede Jelinek: Die Österreicher als Herren der Toten. In: *Literaturmagazin 29.* Wien (1992).

687 Elfriede Jelinek bei der Mahnwache am Wiener Stephansdom. In: *Volksstimme.* Wien (23.06.1987).

688 Stefan Krammer: *„redet nicht von Schweigen...“ Zu einer Semiotik des Schweigens im dramatischen Werk Thomas Bernhards.* Würzburg: Königshausen & Neumann Verlag 2003, S. 148.

689 Joseph W. Moser: *Thomas Bernhard im Dialog mit der österreichischen Öffentlichkeit. Zwischen Presse, Theater und Justiz.* Faculty of Germanic Languages an Literatures, University of Pennsylvania 2004, S. 196.

690 Ebenda, S. 194.

Figuren den aktuellen Antisemitismus in Österreich anklagen lässt. Wenn man den anonymen Leserbrief einer, laut eigener Angaben, älteren Frau, an die *Neue Kronen Zeitung* vom 16.10.1988 in Betracht zieht, in dem die Autorin schreibt, dass sie „glücklich über den Staatsvertrag und unsere immerwährende Neutralität" war, kann man Mosers These folgen, dass „Bernhard [...] sich gegen die Verklärung der Geschichte, derzufolge die Judenverfolgung in Österreich von den Deutschen verursacht wurde"[691], wendet. Man kann aber auch leicht die von Moser genannte Erregung der Österreicher über den „Vorwurf des anhaltenden Antisemitismus und der Kontinuität des Nationalsozialismus"[692] nachvollziehen. Mosers Andeutung, das Zitat „in jedem Wiener steckt ein Massenmörder"[693] „hätte niemanden erregt, wenn diese Anschuldigung nicht zum Teil der Realität entspräche"[694], greift jedoch etwas zu kurz, da sie die gesellschaftliche Anspannung im Zusammenhang mit der zu jener Zeit noch in der Erinnerung präsenten *Waldheim-Affäre* unterschätzt.
Insofern lässt sich sagen, dass

> [i]n den rüden Anklagen des Textes [...] der Anstoß zu einer möglichen Diskussion beschlossen [liegt], die das österreichische Publikum nicht zu führen bereit war, weil es mit dem ‚Gedenken' von 1988 nicht das endlich fällige ‚Durcharbeiten' des Geschehenen beginnen, sondern durch die staatliche Inszenierung einen letzten Schlußstrich unter die Vergangenheit gezogen wissen wollte.[695]

„Die Form der Bernhardschen Kunstwerke ist offen angelegt, sie fordert die Reaktion der Öffentlichkeit geradezu heraus"[696], meinte Bentz in seinem Aufsatz. Und tatsächlich lies die zeitgeschichtliche Interpretation auch andere Ansätze zu, als die bereits genannten. Hans Magenschab versuchte die Aufmerksamkeit der Rezipienten von der Aktualität des Stückes abzuwenden und brachte sie mit dem Ersten Weltkrieg in Verbindung. Auf diese Weise wollte er, laut Moser, das historische Wissen Peymanns über Österreich in Frage stellen. In einem Artikel für die *Wochenpresse* schrieb er, dass es ein Fehler sei, das Stück gerade am 4. November, an dem Jahrestag der Gründung der Deutsch-Österreichischen Republik von 1918, aufführen zu wollen. In demselben Artikel

691 Joseph W. Moser: *Thomas Bernhard im Dialog mit der österreichischen Öffentlichkeit. Zwischen Presse, Theater und Justiz*. Faculty of Germanic Languages an Literatures, University of Pennsylvania 2004, S. 197.

692 Ebenda.

693 Bernhard: *Heldenplatz*, S. 118.

694 W. Moser, a.a.O., S. 198.

695 Jan Süselbeck: *Das Gelächter der Atheisten. Zeitkritik bei Arno Schmidt & Thomas Bernhard*. Frankfurt am Main-Basel: Stroemfeld Verlag 2006, S. 488.

696 Oliver Bentz: *Thomas Bernhard- Dichtung als Skandal*. Würzburg: Verlag Königshausen & Neumann 2000, S. 45.

gab er den Deutschen allein die Verantwortung für die Judenverfolgung und den Holocaust.[697]

Die Forschung erkannte im Œuvre Bernhards eine „wachsende politische Brisanz zum Spätwerk hin“[698], deren Höhepunkt sich in *Heldenplatz* herauskristallisiert. Wie Irmtraud Götz von Olenhusen berichtet, wurde auch mit der Zeit klar,

> daß Thomas Bernhard einen herausragenden Beitrag zur Analyse der gestörten individuellen und kollektiven Erinnerung an die nationalsozialistischen Gewaltverbrechen geleistet hat, und zwar auf einem Niveau, das von der historischen und politologischen Fachwissenschaft erst etwa zehn Jahre später erreicht worden ist[699].

9.2. *Präsident Abendwind* und *Heldenplatz* als politische Theaterstücke.

Karl Wagner[700] unterstreicht die Bedeutung des Dialekts im Werk Jelineks für die Darstellung des Aggressiven Potentials der österreichischen Gesellschaft, er bezeichnet diese sogar als „Jagdgesellschaft“[701], indem er die Jagdmetaphorik aufzeigt, die sich in dem ländlichen Selbstbild der österreichischen Gemütlichkeit verborgen halte. Jelinek zerstört dabei das Mythos, das Österreich nach Außen hin als ein idyllisches Land existieren lässt und die Alpen als Sitz der Echtheit und Natürlichkeit, mit der auch metonymisch deren Bewohner in Verbindung gebracht werden, präsentiert. Dieses Bild entlarvt Elfriede Jelinek als eine höchst artifizielle Selbstdarstellung, sie macht somit die österreichische Gesellschaft für dieses, ihrer Meinung nach, verunstaltete Bild, mitverantwortlich.

Jelinek greift auf diese Weise, ähnlich wie Bernhard, die Tendenz der Heimatliteratur beachtlich an. Sie nützt dafür, so Wagner, die in den 80er Jahren notwendige Erinnerung des bis dato Verpönten, durch die Wiederkehr des Ver-

---

697 Vgl. Joseph W. Moser: *Thomas Bernhard im Dialog mit der österreichischen Öffentlichkeit. Zwischen Presse, Theater und Justiz.* Faculty of Germanic Languages an Literatures, University of Pennsylvania 2004, S. 209.

698 Jan Süselbeck: *Das Gelächter der Atheisten. Zeitkritik bei Arno Schmidt & Thomas Bernhard.* Frankfurt am Main-Basel: Stroemfeld Verlag 2006, S. 482.

699 Zitat nach: Ebenda, S. 496.

700 Karl Wagner: Österreich- eine S(t)imulation. Zu Elfriede Jelineks Österreich-Kritik. In: Kurt Bartsch/Günther A. Höfler (Hrsg.): *Elfriede Jelinek.* Bd. 2, Universität Graz: Literaturverlag Droschl 1991, 79-93, hier S. 81.

701 Vgl. Ebenda, S. 79-81.

drängten, der „nicht erinnerte[n] Geschichte“[702] und deren Wiederholung in Form einer Farce, aus. „Nationalismus und Xenophobie sind schon bei Nestroy die Stützen eines Landes, das in seinem menschenfresserischen Wohlbehagen nicht Gegenbild, sondern Inbegriff einer nach Grillparzer zur Bestialität fortschreitenden Zivilisation ist.“[703] Insofern ist das Problem der Identität und der Verständnislosigkeit seitens des Auslands, einzig und allein, wie Abendwind sagt, durch Simulation zu lösen:

> Mir sprechen halt in der internationalen Sprache der Musik zu ihnen. Mir jodeln und dalken, mir toben als Falken. Auf die Schi, gellns ja. Und dann schau ma uns im Fernsehn an. Wenn man keine Bürger mehr hat, dann muaß man sich halt selber anschaun, gell. Gewählt ist gewählt![704]

Durch die „Disparatheit von Gebärde, Bild und Sprache“[705] wird die freie Assoziationsfähigkeit der Rezipienten angesprochen und darauf zielt das Werk Jelineks ab, denn „die Assoziation bedeutet den Verzicht auf eine unmittelbare Sinngebung“[706] also ganz im Gegensatz zu den unmissverständlichen, bis auf das kleinste Detail ausgesprochenen Anklagen der Figuren Thomas Bernhards. Der Spiegel, den Jelinek dem Publikum hier vorhält, ist, hier folgt sie der Theorie Roland Barthes', leer und auf die Zuschauer gerichtet, denn: „Ihre Bühne will Sehen provozieren“[707].

Diese Auseinandersetzung mit der politischen Situation in Österreich in den 80er Jahren ist in ihrer kritischen Darstellung eindeutig genauer auf konkrete Personen gerichtet als die Thomas Bernhards, der in seiner Kritik wiederum viel mehr zur Pauschalisierung des Kritisierten tendiert, ein Verfahren, das durch die stete Steigerung des Monologs auf einer anderen Rezeptionsebene anspricht.

Helga Duhm-Heitzmann sieht die Stärke des Bernhardschen Theaters in der Weitererführung der

> kritisch-satirische[n], sprachparodistische[n] Tradition österreichischen Theaters [...] Johann Nestroy[s], Karl Kraus['] oder Ödön von Horváth[s] und d[er] tragischkomischen Elemente des Ferdinand Raimundschen Zauberspiels [sieht], mit seiner

---

702 Karl Wagner: Österreich- eine S(t)imulation. Zu Elfriede Jelineks Österreich-Kritik. In: Kurt Bartsch/Günther A. Höfler (Hrsg.): *Elfriede Jelinek*. Bd. 2, Universität Graz: Literaturverlag Droschl 1991, 79-93, hier S. 79-81, hier S. 88.

703 Vgl. Karl Wagner: Österreich- eine S(t)imulation. Zu Elfriede Jelineks Österreich-Kritik. In: Kurt Bartsch/Günther A. Höfler (Hrsg.): *Elfriede Jelinek*. Bd. 2, Universität Graz: Literaturverlag Droschl 1991, 79-93, hier S. 79-81, hier, S. 89.

704 Jelinek, *Präsident Abendwind*, S. 17.

705 Corina Caduff: *Ich gedeihe inmitten von Seuchen. Elfriede Jelinek- Theatertexte.* Bern-Wien u.a.: Peter Lang Verlag 1991, S. 260.

706 Ebenda.

707 Ulrike Haß: Grausige Bilder. Große Musik. In: Elfriede Jelinek. Text + Kritik. Zeitschrift für Literatur. Band 117. München: Verlag Edition text+kritik, S. 35-43, hier S. 43.

> Melancholie und Misanthropie, seine[n] die dunklen und destruktiven Seiten des Menschlichen aufdeckenden Komponenten[708].

Bentz führt Duhm-Heitzmanns Deutung einen Schritt weiter und bezeichnet Thomas Bernhard als „de[n] konsequenteste[n] ‚Enkel' von Karl Kraus"[709]. Er meint damit Bernhards „anthropologischen Pessimismus"[710], der mit einem zutiefst negativen Bild Österreichs als „Welt der Niedertracht und (Lebens)-Lüge"[711] zusammen hängt. Aus diesem Grund waren sowohl die rechtsorientierten politischen Lager, als auch Waldheim selbst, 1988 darum bemüht, das Stück, das erneut zu einer öffentlichen Kritik der österreichischen Vergangenheit führen konnte, zu verhindern. ÖVP-Generalsekretär Helmut Kukacka versuchte gerade das Argument des „Skandals" im Zusammenhang mit *Heldenplatz* zu verwenden, um dem Stück und dessen Aufführung im Burgtheater eine politische Signifikanz anzueignen und somit in den politischen Reihen einen größeren Widerspruch gegen die Premiere zu erzielen.[712]
Wenn man nun überlegt, ob *Heldenplatz* ähnlich deutlich gegen die Präsidentenwahl Kurt Waldheims angesetzt war, wie Jelineks *Präsident Abendwind,* das sie selbst als „Waldheim-Stück"[713] bezeichnete, gestaltet sich die Antwort auf diese Frage nicht so einfach.
Als Maria Fialik einen anonymen „Vertreter der Hocharistokratie"[714] und ehemaligen Freund Thomas Bernhards, bereits nach dessen Tod, fragte, ob Bernhard gesagt hätte, dass das Stück gegen Waldheim gerichtet sei, antwortete dieser: „Nein, aber Waldheim war doch damals so im Schwange."[715]
Michael Merschmeier meinte zu diesem Aspekt zwar, dass der Text sehr wohl gegen Waldheim zielen sollte, er stellte jedoch die These, dass „Bernhards Wortwaffen [...] stumpf [seien]. [Denn] [w]er Waldheim und den Kanzler derart zahm ankanzelt, ist auf dem Wege zum Hofnarren"[716].
Peymann sagte hingegen in Bezug auf Bernhards literarisches Schaffen, dass

---

708 Oliver Bentz: *Thomas Bernhard- Dichtung als Skandal.* Würzburg: Verlag Königshausen & Neumann 2000, S. 17.

709 Ebenda, S. 21.

710 Ebenda.

711 Ebd.

712 Vgl. Joseph W. Moser: *Thomas Bernhard im Dialog mit der österreichischen Öffentlichkeit. Zwischen Presse, Theater und Justiz.* Faculty of Germanic Languages and Literatures, University of Pennsylvania 2004, S. 205-206.

713 Elfriede Jelinek. O.T. In: *Die Bühne.* Wien (Mai 1991).

714 Maria Fialik: *Der konservative Anarchist. Thomas Bernhard und das Staats-Theater.* Wien: Löcker Verlag 1991, S. 146.

715 N.N. im Gespräch mit Maria Fialik. Ebenda

716 Zitat nach: Jens Dittmar (Hrsg.): *Thomas Bernhard. Werkgeschichte.* München: Suhrkamp Verlag 2002, S. 335.

„die Tatsache, daß jemand so erbarmungslos die Wahrheit über die Politik, über den Antisemitismus, den es ja noch immer gibt“ [717] zur Folge hatte, dass man ihn „sein Leben lang ja auch tatsächlich verfolgt[e]“[718].

Er meinte überdies, es sei verständlich, „[d]aß dieser erbarmungslose Wahrheitssprecher und Übertreiber der Wahrheiten und des Schreckens, daß der natürlich den Staat provoziert und [...] die Leute erschrickt und die sich auch zu Feinden macht[e]“[719]. Denn laut Peymann ist ein Theaterskandal in Österreich nicht dasselbe wie im Ausland; die Diskussionen beschränken sich nicht nur auf Theaterkritiker, sondern „in kürzester Zeit [ist] der Kardinal damit befaßt, der Bundespräsident, das ganze Kabinett, irgendwelche Bürgerinitiativen (...), und so roll[t] sich das zu einer immer höheren Welle auf“[720].

717 Zitat nach: Oliver Bentz: *Thomas Bernhard- Dichtung als Skandal*. Würzburg: Verlag Königshausen & Neumann 2000, S. 24.

718 Ebenda.

719 Zitat nach: Ebenda.

720 Oliver Bentz: *Thomas Bernhard- Dichtung als Skandal*. Würzburg: Verlag Königshausen & Neumann 2000, S. 24.

10. Die Freiheit der Kunst und Kunstförderung.

Auf die Frage, ob ihrer Meinung nach in Österreich Zensur ausgeübt werde, antwortete Elfriede Jelinek in einem Interview für die literaturwissenschaftliche Zeitschrift *The Germanic Review*, dass sich Zensur „vorwiegend in der öffentlichen Beschimpfung kritischer, fortschrittlicher Künstler"[721] äußern würde. Sie nennte dabei drei Felder, die nach ihrer Auffassung der Zensur unterliegen – die katholische Religion, die Sexualität und die Gesellschaftskritik.[722] In diesem Zusammenhang kommentierte sie auch das mangelnde Interesse der österreichischen Theater, *Präsident Abendwind* bereits in den 80er Jahren zu inszenieren: „Wer soll sich das trauen, wenn nicht ein kleines Theater. Aber die kleinen Theater haben wieder Angst, keine Subventionen mehr zu bekommen, wenn sie sich über das Staatsoberhaupt lustig machen."[723]

Die Frage der Freiheit der Kunst und der Einstellung der österreichischen Öffentlichkeit zur Situation der gesellschaftskritischen Künstler in Österreich wurde erst in den 90er Jahren offen aufgezeigt und thematisiert. Dr. Hans Landesmann, der damalige Konzertdirektor der Salzburger Festspiele, bezeichnete „ die österreichische Gesellschaft als kunst- und künstlerfeindlich: zeitgenössische KünstlerInnen würde von der österreichischen Öffentlichkeit angefeindet und beschimpft, Kunstprodukte würden, ohne daß man sie kenne, abwertend beurteilt"[724]. Seine Feststellung, Österreich würde seine KünstlerInnen in besonders schlechten Verhältnissen verkommen lassen, verursachte eine erneute Reaktion seitens Elfriede Jelinek, die auf das Beispiel der Komponistin Olga Neuwirth verwies.[725] In dem Artikel *Rund, handlich, einfach zum Reinbeißen – so will man hierzulande Mozart* schreibt sie: „Ich weiß nicht, aber ich glaube, es ist eine wesentliche Aufgabe dieses Staates, gerade ungesicherte neue Kunst zu fördern. Es geht ja nicht um Almosen, die man den Künstlerinnen und Künstlern zuwirft wie dressierten Seehunden, es geht nur um einen Anstoß."[726]

Im Gegensatz, statt die heimischen Künstler zu fördern, warf man denselben „geistige[n] Verrat [vor, obwohl sie] der Heimat kraft ihrer Talente besonders verpflichtet hätten sein müssen"[727]

Norbert Tschulik schrieb in dem Artikel *Peymann am „Heldenplatz". Grenzen des Zumutbaren*, für die *Wiener Zeitung*, dass zwar „[d]ie Freiheit der Kunst ein

---

721 Elfriede Jelinek im Gespräch mit *The Germanic Review*: Literary Censorship in the German-Speaking Countries. In: Pia Janke (Hrsg.): *Die Nestbeschmutzerin. Jelinek & Österreich*. Salzburg-Wien: Jung und Jung Verlag 2002, S.33.

722 Vgl. Ebenda.

723 Elfriede Jelinek: o.T. In: *Die Bühne*. Wien (Mai 1991).

724 Zitat nach: Pia Janke (Hrsg.): *Die Nestbeschmutzerin. Jelinek & Österreich*. Salzburg-Wien: Jung und Jung Verlag 2002, S.34.

725 Vgl. Ebenda.

726 Elfriede Jelinek: Rund, handlich, einfach zum Reinbeißen- so will man hierzulande Mozart. In: *Die Presse*, Wien (01.12.1995).

727 Kurt Dieman: Gott mit Dir, mein Österreich. In: *Industrie*. Wien (11. März 1987).

hohes Gut [sei]. Daran darf nicht gerüttelt werden"[728], jedoch meinte er, ein Stück, das „nur eine perverse Schamlosigkeit darstellt, die fast skrupellos mit Sensation kokettierende Beschimpfung aber auch in einem Theater aufzuführen, dessen Existenz erst durch die Steuergelder der Beschimpften möglich ist, das [...] überschreitet die Grenzen des Zumutbaren"[729].
Eine ähnliche Haltung ließ sich auch bei vielen Politikern feststellen. So stellte sich SPÖ-Zentralsekretär Heinrich Keller zwar eindeutig auf der Seite der Freiheit der Kunst, stellte jedoch in Frage, ob *Heldenplatz* nun wirklich Kunst sei. Unterrichtsministerin Hilde Hawlicek von der SPÖ meinte jedoch im Zusammenhang mit der *Causa Heldenplatz*, Kunst müsse provozieren. Die Sozialisten unterstützten indirekt zwar den Burgtheaterdirektor Peymann, da sie ihn zu diesem Posten berufen hatten, eigentlich aber nur die künstlerische Freiheit, nicht aber Peymann als Person, noch ferner seine Inszenierung. Politiker der ÖVP und FPÖ hinterfragten eindeutlich die Grenzen der Freiheit der Kunst.[730]

---

728 Norbert Tschulik: Peymann am „Heldenplatz". Grenzen des Zumutbaren. In: *Wiener Zeitung*.
Wien (8.10.1988).
729 Ebenda.
730 Joseph W. Moser: *Thomas Bernhard im Dialog mit der österreichischen Öffentlichkeit. Zwischen Presse, Theater und Justiz*. Faculty of Germanic Languages an Literatures, University of Pennsylvania 2004, S. 203.

LITERATURVERZEICHNIS

Primärliteratur und Interviews:

Bernhard, Thomas: *Heldenplatz.* 1. Auflage, Frankfurt am Main: Suhrkamp Verlag 1995.

Bernhard, Thomas im Interview mit Heinz Sichrovsky.: Bernhard bricht sein Schweigen. In: *Basta* (26.10.1988).

Bernhard, Thomas: Politische Morgenandacht. In: *Wort in der Zeit*, H 12, 1966, S. 11-13.

Jelinek, Elfriede: *Die endlose Unschuldigkeit.* Prosa, Hörspiel, Essay. Schwifting: Schwiftinger Galerie-Verlag 1980.

Jelinek, Elfriede: bisher öder kunst gemacht zu haben. In: Renate Matthaei (Hrsg.): Grenzverschiebung. Neue Tendenzen in der deutschen Literatur der 60er Jahre, Köln-Berlin: Kiepenheuer & Witsch Verlag 1970.

Jelinek, Elfriede im Gespräch mit Josef-Hermann Sauter. In: Weimarer Beiträge, Heft 8, 1981.

Jelinek, Elfriede im Gespräch mit Kai Ehlers. In: Über höhere Kulturstufen – Gespräch mit Böll-Preisträgerin Elfriede Jelinek, Teil 2. In: *Arbeiterkampf.* Wien (9.2.1987).

Jelinek, Elfriede im Gespräch mit *The Germanic Review*: Literary Censorship in the German-Speaking Countries. In: Pia Janke (Hrsg.): *Die Nestbeschmutzerin. Jelinek & Österreich.* Salzburg-Wien: Jung und Jung Verlag 2002

Jelinek, Elfriede: Präsident Abendwind. Ein Dramolett, sehr frei nach J.Nestroy, in: *Elfriede Jelinek. Text + Kritik*, Band 117, S.3-20.

Jelinek, Elfriede: Wir waren nützliche Idioten. In: *Falter.* Nr. 42, Wien (1998)

Jelinek, Elfriede: o.T. In: Bio-Technik. Wien (Mai 1983).

Jelinek, Elfriede: o.T. In: Die Bühne. Wien (Mai 1991).

Jelinek, Elfriede: Der Einzige und wir, sein Eigentum. In: *Profil.* Wien (20.2.1989).

Jelinek, Elfriede: Die Österreicher als Herren der Toten. In: Literaturmagazin 29. Wien (1992).

Jelinek, Elfriede bei der Mahnwache am Wiener Stephansdom. In: *Volksstimme*. Wien (23.06.1987).

Jelinek, Elfriede: Rund, handlich, einfach zum Reinbeißen- so will man hierzulande Mozart. In: *Die Presse*. Wien (1.12.1995).

Marx, Karl/**Engels**, Friedrich: *Werke*. Bd. 20. Hrsg. v. Institut für Marxismus-Leninismus bei ZK der SED Berlin 1972.

Nestroy, Johann: Häuptling Abendwind oder Das gräuliche Festmahl, Operette in einem Act. In: Peter Brandscombe: *Johann Nestroy. Historisch-kritische Ausgabe*. Stücke, Bd. 38, Wien: Deuticke Verlag1996.

Sekundärliteratur und Dokumentation:

Annuß, Evelyn: *Elfriede Jelinek- Theater des Nachlebens*, München: Wilhelm Fink Verlag 2005.

Arntzen, Knut Ove/ **Leirvåg**, Siren/ **Vestli**, Elin Nesje (Hrsg.): *Dramaturgische politische Strategien im Drama und Theater des 20. Jahrhunderts*. St. Ingbert: Röhrig Universitätsverlag 2002.

Bartens, Daniela/**Pechmann**, Paul: *Elfriede Jelinek. Die internationale Rezeption*. Graz-Wien: Literaturverlag Droschl 1997.

Bentz, Oliver: Thomas Bernhard- Dichtung als Skandal, Würzburg: Verlag Königshausen & Neumann 2000.

Der Bericht der internationalen Historikerkommission. In: *Profil*. Nr. 7, Wien (15.02.1988).

Bischofberger, Conny/ **Sichrovsky**, Heinz: Der letzte Akt. In: Sepp Dreisinger [Hrsg.]: Von einer Katastrophe in die andere. 13 Gespräche mit Thomas Bernhard. Weitra: Verlag publication PN° 1 1992.

Born, Hanspeter: *Für die Richtigkeit. Kurt Waldheim*. München: Schneekluth Verlag 1987.

Botz, Gerhard: Die „Waldheim-Affäre“ als Widerstreit kollektiver Erinnerungen. In: Barbara Tóth/ Hubertus Czernin [Hrsg.]: 1986*: das Jahr, das Österreich veränderte.* Wien: Czernin Verlag 2006.

Brenner, Eva im Gespräch mit Pia Janke: Elfriede Jelinek – Eine Autorin fürs Theater? In: Pia Janke [Hrsg.]: *Elfriede Jelinek: „Ich will kein Theater.“ Mediale Überschreitungen.* Wien: Praesens Verlag 2007.

Bruckner, Ferdinand: Nestroy und Österreich. In: Peter Roessler/ Konstantin Kaiser (Hrsg.): *Dramaturgie der Demokratie. Theaterkonzeptionen des österreichischen Exils*. Wien: Edition Spuren Pro-Media.

Burger, Rudolf: Der böse Blick der Elfriede Jelinek. In: Christa Gürtler: Gegen den schönen Schein. Texte zu Elfriede Jelinek, 2. Auflage, Frankfurt: Verlag Neue Kritik 2005.

Burgtheater Wien (Hrsg.): *Heldenplatz. Eine Dokumentation*, Wien, 13. Jänner 1989.

Caduff, Corina: *Ich gedeihe inmitten von Seuchen. Elfriede Jelinek- Theatertexte*, Bern-Wien u.a.): Peter Lang Verlag 1991.

Dittmar, Jens: *Sehr gescherte Reaktionen. Leserbrief-Schlachten um Thomas Bernhard*, Wien: Verlag Edition S 1993.

Cowen, Roy C.: *Das deutsche Drama im 19. Jahrhundert*. Stuttgart: J.B. Metzlersche Verlagsbuchhandlung 1988.

Dittmar, Jens (Hrsg.): *Thomas Bernhard. Werkgeschichte,* München: Suhrkamp Verlag 2002.

Donnenberg, Josef: *Thomas Bernhard (und Österreich). Studien zu Werk und Wirkung 1970-1988*. Stuttgart: Verlag Hans-Dieter Heinz 1997, (Salzburger Beiträge Nr. 32) (Stuttgarter Arbeiten zur Germanistik. Nr. 352).

Donnenberg, Josef: Thomas Bernhards Zeitkritik und Österreich. In: Alfred Pittertschatscher (Hrsg. u. a.): Literarisches Kolloquium Linz 1984: *Thomas Bernhard. Materialien*. Linz: Donau Verlag 1985.

Dronske, Ulrich: Helden platzen. Zwei Inszenierungsvorschläge zu Bernhards „Heldenplatz“. In: Martin Huber/ Manfred Mittermayer/ Wendelin Schmidt-Dengler/ Lacko Vidulić (Hrsg.): *Thomas Bernhard Jahrbuch 2004*. Wien u.a.: Böhlau Verlag 2004.

Fialik, Maria: *Der konservative Anarchist. Thomas Bernhard und das Staats-Theater*. Wien: Löcker Verlag 1991.

Fiddler, Allyson: *Rewriting reality. An introduction to Elfriede Jelinek*, Oxford/Providence – USA: Berg Verlag 1994.

Gulielmetti, Angela: „Häuptling Abendwind“ und „Präsident Abendwind“. Nestroy und Jelinek. In: Internationale Nestroy Gesellschaft (Hrsg.): *Nestroyana: Blätter der Internationalen Nestroy-Gesellschaft*, Bd. 17, Wien: Lehner Verlag 1997.

Haß, Ulrike: Grausige Bilder. Große Musik. In: Elfriede Jelinek. Text + Kritik. Zeitschrift für Literatur. Band 117, München: Verlag Edition text+kritik.

Hausjell, Fritz: Verdränger als Aufarbeiter? In: Grete Anzengruber u.a. [Hrsg.]: Vergangenheitsbewältigung. Heft 43, Wien-München: Verlag Jugend & Volk 1986.

Hoff, Dagmar von: Stücke für das Theater. Überlegungen zu Elfriede Jelineks Methode der Destruktion. In: Christa Gürtler: *Gegen den schönen Schein. Texte zu Elfriede Jelinek*, 2. Auflage, Frankfurt: Verlag Neue Kritik 2005.

Hoell, Joachim: *Thomas Bernhard*. München: Deutscher Taschenbuch Verlag 2000.

Honegger, Gitta: *Thomas Bernhard. The making of an Austrian*, New Haven and London: Yale University Press 2001.

Höller, Hans: *Thomas Bernhard*. Hamburg: Rowohlt Verlag 1993.

Hörlezeder, Renate/**Mühlbek**, Fritz/**Nowak**, Andreas: Die Erregungskurven. Eine empirische Untersuchung zur Resonanz Bernhards deutschsprachigen Printmedien 1963 bis 1992. In: Wolfram Bayer (Hrsg.): Kontinent Bernhard. Zur Thomas Bernhard-Rezeption in Europa, Wien u.a.: Böhlau Verlag 1995.

Huyssen, Andreas: Unbewältigte Vergangenheit – Unbewältigte Gegenwart. In: Reinhold Grimm/ Jost Hermand [Hrsg.]: *Geschichte im Gegenwartsdrama*. Stuttgart u.a.: Verlag W. Kohlhammer 1976.

IG Autoren: Solidarität mit Thomas Bernhard und Claus Peymann. In: Burgtheater Wien (Hrsg.): Heldenplatz. Eine Dokumentation. Wien (13. Jänner 1989).

Ingen, Ferdinand van: *Thomas Bernhard. Heldenplatz. Grundlagen und Gedanken zum Verständnis des Dramas.* 1. Auflage, Frankfurt am Main: Verlag Moritz Diesterweg 1996.

Janke, Pia (Hrsg.): *Die Nestbeschmutzerin. Jelinek & Österreich.* Salzburg-Wien: Jung und Jung Verlag 2002.

Janke, Pia: *Literaturnobelpreis Elfriede Jelinek.* Band 1, Wien: Praesens Verlag 2005.

Janke, Pia: *Werkverzeichnis Elfriede Jelinek.* Wien: Edition Praesens 2004.

Janke, Pia [Hrsg.]: *Elfriede Jelinek: „Ich will kein Theater": mediale Überschreitungen.* Wien: Praesens Verlag 2007.

Jürgens, Dirk: Das Theater Thomas Bernhards. In: Herbert Kraft (Hrsg.): Historisch-Kritische Arbeiten zur deutschen Literatur, Band 28, Frankfurt am Main: Peter Lang Verlag- Europäischer Verlag der Wissenschaften 1999.

Krammer, Stefan: *„redet nicht von Schweigen..." Zu einer Semiotik des Schweigens im dramatischen Werk Thomas Bernhards.* Würzburg: Königshausen & Neumann Verlag 2003.

Langemeyer, Peter: Macht und Parteilichkeit oder: Was ist „politisch" am politischen Theater der Moderne? In: Knut Ove Arntzen,/ Siren Leirvåg/ Elin Nesje Vestli (Hrsg.): *Dramaturgische politische Strategien im Drama und Theater des 20. Jahrhunderts.* St. Ingbert: Röhrig Universitätsverlag 2002.

Lindner, Burkhardt: Deutschland: Erhabener Abgesang. Elfriede Jelineks Spiegel-Verzerrung zur Selbsterkenntnis: „Wolken-Heim". In: Kurt Bartsch,/ Günther A. Höfler (Hrsg.): *Elfriede Jelinek.* Bd. 2, Graz-Wien: Literaturverlag Droschl 1991.

Mahrdt, Helga (Tromsø): Peter Weiss' Auseinandersetzung mit dem Faschismus am Beispiel der „Ermittlung". In: Knut Ove Arntzen/ Siren Leirvåg/ Elin Nesje Vestli (Hrsg.): *Dramaturgische politische Strategien im Drama und Theater des 20. Jahrhunderts.* St. Ingbert: Röhrig Universitätsverlag 2002.

Mayer, Verena/**Koberg**, Roland: *Elfriede Jelinek. Ein Porträt.* 1. Auflage, Reinbek: Rowohlt Verlag Januar 2006.

Mittermayer, Manfred: *Thomas Bernhard*, Stuttgart-Weimar: Verlag J. B. Metzler 1995.

Moser, Joseph W.: *Thomas Bernhard im Dialog mit der österreichischen Öffentlichkeit. Zwischen Presse, Theater und Justiz.* Faculty of Germanic Languages an Literatures, University of Pennsylvania 2004.

Müller, Karl: Die Theaterkonzepte Thomas Bernhards und Elfriede Jelineks im Vergleich. In: Martin Huber/ Manfred Mittermayer/ Wendelin Schmidt-Dengler/ Lacko Vidulić (Hrsg.): *Thomas Bernhard Jahrbuch 2004*, Wien u.a.: Böhlau Verlag 2004.

Olsson, Jan Esper: Brechts poetische Strategien. In: Knut Ove Arntzen/ Siren Leirvåg/ Elin Nesje Vestli (Hrsg.): *Dramaturgische politische Strategien im Drama und Theater des 20. Jahrhunderts*. St. Ingbert: Röhrig Universitätsverlag 2002.

Paul, Ulrike: *Vom Geschichtsdrama zur politischen Diskussion. Über die Desintegration von Individuum und Geschichte bei Georg Büchner und Peter Weiss*. München: Wilhelm Fink Verlag 1974.

Perthold, Sabine: Elfriede Jelineks dramatisches Werk. Theater jenseits konventioneller Gattungsbegriffe. Wien: Dissertation der Universität Wien 1991.

Piscator, Erwin: Das Politische Theater. Reinbek bei Hamburg: Rowohlt 1963.

Pontzen, Alexandra: Die Wiederkehr des Verdrängten im Akt der Lektüre. Zu Elfriede Jelineks *Das über Lager* (1989) und *Die Kinder der Toten* (1995). In: Inge Stephan [Hrsg.]: *NachBilder des Holocaust*. Köln-Wien u.a.: Böhlau 2007.

Rabinovici, Doron: Manifestation des Wortes. Eine gelungene Fehlbesetzung auf politischen Demonstrationen, in: Brigitte Laudes (Hrsg.): Stets das Ihre. Elfriede Jelinek, Theater der Zeit. Berlin, Arbeitsbuch 2006.

Rauscher, Hans: Das Bürgertum und die Pflichterfüllung. In: Barbara Tóth/ Hubertus Czernin [Hrsg.]: *1986: das Jahr, das Österreich veränderte*. Wien: Czernin Verlag 2006.

Reich-Ranicki, Marcel: Thomas Bernhard. Aufsätze und Reden, Amman Verlag, Zürich, 1990.

Retzek, Ilse: *„Heldenplatz"- Ein Medienereignis*. Diplomarbeit zur Erlangung des Magistergrades an der Geisteswissenschaftlichen Fakultät der Universität Salzburg. Salzburg 1990.

Sáenz, Miguel: *Thomas Bernhard. Una biografía*, Madrid: Ediciones Siruela 1996.

Scheiber, Iris: *Politische Kurzprosa von Elfriede Jelinek*. Diplomarbeit der Universität Wien. Wien 2004

Schmidt-Dengler, Wendelin: Bernhard-Scheltreden. Um- und Abwege der Bernhard-Rezeption. In: Alfred Pittertschatscher (Hrsg. u. a.): Literarisches Kolloquium Linz 1984: *Thomas Bernhard, Materialien*. Linz: Donau Verlag 1985.

Simhandl, Peter: Politisches Theater. In: Manfred Brauneck/ Gérard Schneilin [Hrsg.]: Theaterlexikon. Begriffe und Epoche, Bühnen und Ensembles. Band 1, 4. Ausgabe, Reinbek bei Hamburg: Rowohlt Taschenbuch Verlag 2001.

Spanlang, Elisabeth: „Ein Stringberg-Stück ist eine Operette dagegen." Anmerkungen zu einer ungewöhnlichen Biographie. In: Kurt Bartsch/ Günther A. Höfler (Hrsg.): *Elfriede Jelinek*. Band 2, Graz-Wien: Literaturverlag Droschl 1991.

Stadler, Marcus/**Kató**, Lies: Kein Platz für Helden. Ein Selbstbeschimpfungs-Dramolett. In: Jens Dittmar: *Der Bernhardiner. Ein wilder Hund. Tomaten, Satiren und Parodien über Thomas Bernhard*. Wien: Verlag Edition S 1990.

Stähli, Regula: Chronik von Leben und Werk, in: *DU. Die Literaturzeitschrift der Kultur. Elfriede Jelinek. Schreiben. Fremd bleiben*. Nr. 700, Zürich: Tagesanzeiger TA-Media AG Oktober 1999.

Süselbeck, Jan: *Das Gelächter der Atheisten. Zeitkritik bei Arno Schmidt & Thomas Bernhard*. Frankfurt am Main-Basel: Stroemfeld Verlag 2006.

Themann, Thorsten: *Thomas Bernhard. Heldenplatz*. 1. Auflage, München/Düsseldorf/Stuttgart: Oldenburg Schulbuchverlag GmbH 2004.

Wagner, Karl: Österreich- eine S(t)imulation. Zu Elfriede Jelineks Österreich-Kritik, in: Kurt Bartsch/ Günther A. Höfler [Hrsg.]: *Elfriede Jelinek*. Bd. 2, Graz: Literaturverlag Droschl 1991.

Internetquellen:

http://derstandard.at/?url=/?id=2305728 [10.11.2007]

http://derstandard.at/?url=/?id=2921054 [03.02.2007]

http://diepresse.com/home/politik/innenpolitik/310528/index.do [10.11.2007]

http://www.dieuniversitaet-online.at/beitraege/news/der-archivierte-bernhard/64/neste/1.html [03.02.2008]

Jahn, Viktoria: Tradition und Dekonstruktion bei Elfriede Jelinek anhand der beiden österreichischen Satiren *Burgtheater* und *Präsident Abendwind*: http://www.hum.uit.no/ger/jelinek-tagung/Abstracts/Abstract.Jahn.pdf [12.01.2998]

http://194.94.40.10/lemo/html/biografien/StraussFranzJosef/index.html [13.01.2008]

http://lexikon.meyers.de/meyers/Dramolett [11.01.2008]

http://www.litges.at/litges2/index.php?option=com_content&task=view&id=131 &Itemid=9 [6.11.2007]

http://www.mumok.at/sammlung/die-sammlung/wiener-aktionismus/ [6.11.2007]

http://www.nationalsozialismus.at/Themen/Umgang/entnazif.htm [10.11.2007]

http://www.nationalsozialismus.at/Themen/Umgang/opfermyt.htm [10.11.2007]

http://www.nationalsozialismus.at/Themen/Umgang/waldheim.htm [10.11.2007]

http://www.nobelpreis.org/Literatur/jelinek.htm [5.11.2007]

http://www.philosophia-online.de/mafo/heft2007-3/Kra_Jel.htm [06.02.2008]

http://www.praesens.at/elfriede-jelinek-forschungszentrum/ [10.02.2008]

http://www.projektstarwars.de/forum/1106749-post4258.html [10.11.2007]

http://www.scherf-hannover.de/Psychotherapie/Freud/freud.html [03.02.2008]

http://www.schillerstiftung.de/v1/ehrengaben/unterseiten/loschuetz.php [7.11.2007] http://www.thomasbernhard.at/itbg/ [10.02.2008]

Theodorsen, Cathrine: Jelinek und die Tradition: http://uit.no/getfile.php?PageId=977&FileId=611 [12.01.2008]

http://www.uoregon.edu/~rbear/modest.html [20.01.2008]

http://wien.orf.at/stories/200075/ [10.11.2007]

http://www.wienerzeitung.at/linkmap/personen/bernhard.htm [25.01.2008]

Scheidegger, Ch.: Bartholomäusnacht 1572: http://zh.ref.ch/content/e3/e1939/e10912/e10977/index_ger.html [13.01.2008]

Zeitungsartikel:

Anonym abgedruckt in: Burgtheater Wien (Hrsg.): *Heldenplatz. Eine Dokumentation.* Wien (13. Jänner 1989).

Anonym.: Jelineks Waldheim-Drama. Kurt W. der Kannibale. In: *Basta.* Wien (Mai1988).

Anonym: Kannibalenmärchen, sehr frei nach Johann Nestroy. In: *Tiroler Tageszeitung.* Innsbruck (20.11.1992), S. 6

Anonym: Mentha, Hübsch und Pleifer proben den Theater-Skandal. In: *Kurier.* 18.11.1992.

Anonym: Burgtheater: Stadträtin Ursula Pasterk warnt vor internationaler Blamage. In: Rathauskorrespondenz-Kultur. Wien (12.10.1988).

Anonym: Miesmacher. In: *Frankfurter Allgemeine Zeitung.* Frankfurt (08.01.1987)

Baldinger, Peter: „Heldenplatz"-Premiere verlief ohne Skandale! In: *Neue Kronen Zeitung.* Wien (05.11.1988).

Demel, Helmuth L.: Guten Appetit! Elfriede Jelinek-Uraufführung im Innsbrucker Treibhaus: „Präsident Abendwind". In: *Präsent.* Nr. 48, November 1992.

Dieman, Kurt: Gott mit Dir, mein Österreich. In: *Industrie*. Wien (11. März 1987).

Fink, Humbert: Die Beschimpfung. In: *Neue Kronen Zeitung*. Wien (9.12.1986).

Fischer, Eva-Elisabeth: Ab in die Würscht'. Jelineks „Präsident Abendwind“ in Innsbruck uraufgeführt. In: *Süddeutsche Zeitung*. (27.11.1992).

Herles, Wolfgang: Jelineks Waldheim-Satire spät, aber doch auf der Bühne. Gewählt ist gewählt. „Präsident Abendwind“ als kabarettistischer Ulk im Treibhaus Innsbruck. In: *Der Standard – Kultur* (23.11.1992).

Hesz, Irene: Dosengulasch bleibt Dosengulasch und schmeckt fad. In: *Tiroler Tageszeitung*. (23.11.1992).

Huber-Lang, Wolfgang: Elfriede Jelineks Theaterjahr. ZUM FRESSEN GERN. In: *Salto*. Nr. 46, Wien (13.11.1992).

Kindermann, Dieter: Burg in schwerer Krise: Direktion führt ihre Aufgaben fahrlässig“ In: *Neue Kronen Zeitung*. Wien (13.10.2008).

Kindermann, Dieter: Das darf man sich nicht gefallen lassen! In: *Neue Kronen Zeitung*. Wien (10.10.1988).

Kindermann, Dieter: „Hinaus aus Wien mit dem Schuft“. In: *Neue Kronen Zeitung*. Wien (12.10.1988).

Kittner, Kotanko: Waldheim: In der Burg kein Platz für „Heldenplatz“. In: *Kurier*. Wien (11.10.1988).

Köster, Cornelia: Und wo war Nestroy? Theaterfest mit Jahrmarktsästhetik im Literaturhaus. In: *Tagesspiegel*. Berlin, 17.07.1987.

Linde, Winfried W.: Wo bleibt das echte Theater? Menschenfresser-Präsident „Abendwind“: Bühnenlüfterl, das einschläfert. In: *Kurier*. Wien (22.11.1992)

Löffler, Sigrid: Farce. Tobsuchtsanfall. Weltblamage. In *Profil*. Wien (17.10.1988).

Löffler, Sigrid: Platz für Helden. Angesagte Skandale sind meistens keine – das gilt auch für Thomas Bernhards „Heldenplatz“. In: *Profil*. Wien (19.09.1988).

Scholten, Rudolf und Jörg **Haider** im Gespräch: Sie leiden an Verfolgungswahn. Rudolf Scholten und Jörg Haider im Gespräch über Kunst und Kulturpolitik, Elfriede Jelinek und Claus Peymann. In: *Profil.* Wien (30.10.1995).

Tschulik, Norbert: Peymann am „Heldenplatz". Grenzen des Zumutbaren. In: *Wiener Zeitung.* Wien (8.10.1988).

Vogt, Elke: Frischer „Abendwind?" – Jelinek-Uraufführung. In: *Vorarlberger Nachrichten.* Bregenz (23.11.1992).

Weinzierl, Ulrich: Wo Waldheims Waden Zähne fanden. Kakanischer Kannibalismus von gestern: Elfriede Jelineks „Präsident Abendwind" uraufgeführt. In: *Frankfurter Allgemeine Zeitung.* Frankfurt (29.11.1992).

Zeitfracht Medien GmbH
Ferdinand-Jühlke-Straße 7
99095 Erfurt, Deutschland
produktsicherheit@kolibri360.de